役に立たない読書

林 望
Hayashi Nozomu

インターナショナル新書 009

目次

春の暮《くれ》つかた、のどやかに艶《えん》なる空に、いやしからぬ家の、奥ふかく、木立《こだち》ものふりて、庭に散りしをれたる花、見過《みす》ぐしがたきを、さし入りて見れば、南面《みなみおもて》の格子《かうし》、皆おろしてさびしげなるに、東に向きて妻戸《つまど》のよきほどにあきたる、御簾《みす》のやぶれより見れば、かたち清《きよ》げなる男《をとこ》の、年廿《としはたち》ばかりにて、うちとけたれど、心にくゝ、のどやかなるさまして、机の上《うへ》に文をくりひろげて見ゐたり。

いかなる人なりけん、尋《たづ》ね聞《き》かまほし。

兼好法師『徒然草』第四十三段

※『岩波古典文学大系30』(岩波書店・一九五七年)に拠る。

第一章　読書と知

読めば教養人になれるという錯覚

教養とはなんだろうか、インテリジェンスとはなんだろうか、まずはそこのところから考え始めることにしましょう。

そもそも、「もの知り」であることは、インテリジェンスの必要条件ではありますが、十分条件ではない、ここを押さえておかないといけません。何も知らないで物事を考えることはできませんから、たとえば歴史や言語、また、日本人としての最低限の常識などはもっていて然《しか》るべきでしょう。そうした知識を、本を読むことで得られるのは事実です。したがって、多くの本を読んでいる人は、もの知りであるとは言える。しかし、ただ知っているだけ、つまり知識がただその人の脳細胞に記憶されているだけで、その精神になんの影響も与えていなければ、それは生きた知識ではありません。言い換えれば知恵になっていないのです。

あれも読んだ、これも読んだと多くの本を読んだことを喧伝《けんでん》する人がいますね。「月に五〇冊は読みます」とか自慢する人、「一日に二冊ずつ読んでいる」などと豪語する人、もしかするとあなたの周囲にもいるかもしれません。

でも正直に言うと、そういう人に限って、あまり深みのない人物であったりします。むやみに読んだ本の量を自慢する、そういう読書は、インテリジェンスを涵養《かんよう》するのではなく、ペダントリー（pedantry：学問や知識をひけらかすこと、衒学癖《げんがくへき》）への道を突っ走っているように思います。「オレはもの知りだろう」と片々たる知識をひけらかすオジサンなどは、傍《はた》から見たらあられもなく感じられ、敬遠したくなりますね。

そうならないために、同じ読むなら、それがペダントリーではなくインテリジェンスへの道を行くようにしたいと、私は思うのです。

では、そうするにはどうしたらよいのか。

まず大切なのは、「読んだ本の内容について考える」ことです。読書がその人の叡智《えいち》の形成に作用を及ぼすとしたら、それはたくさん読んだからではなく、本にまつわる「考える営為」のゆえである。だから大切なのは、考え考え読んでいくことなのです。

この考える営為は、読んでいる最中のみならず、読む前にも必要です。自分はいま何が読みたいのか、自分にとっていま何が必要なのか、ということをよくよく考えてから読み始めることが大切なのです。内的な契機のない読書に意味はないと私は考えています。

量を誇る「読書家」のなかには「キミは、こんな本も読んでいないのかね」などと、相手を威嚇《いかく》する人がいます。

江戸時代中期の儒者三浦梅園《ばいえん》は「学文《がくもん》は置き所によりて善悪わかる。臍《へそ》の下よし、鼻の先悪し」と、なかなか洒落《しゃれ》た教訓を残しています。同じ学ぶなら、その学んだ事、読んだ事を、ぐっと臍の下に置いておきたいものです。しかし、鼻の先に「知識」をぶら下げた人物から、そんなふうに言われたほうはコンプレックスを感じ、読まねばならぬような強迫観念に襲われることがあるかもしれません。けれど、興味のない本を読んだところで、まあ、なにもなりません。その読書に費やした努力と時間は、結局無駄になります。

興味を持って読み始めた本でも、実際にはあまり意味がなかった、そういう無駄読みということも少なくありません。しかし、人生の時間は有限ですから、できるだけ無駄は減らしたいものです。

そうすると、いま読むべき本はなんなのか、いま自分にとって必要な知識はなんだろうか、ということを日頃から思いめぐらしていて、それにしたがって読む本を選ぶというプロセスが、読書の前提条件として大切です。それなくして、ただ学校の課題図書だからとか、物知りオジサンから「読んでいて当然だ」と言われたとか、そういう外から与えられた情報のみで本を選ぶと、結局は自分の血肉《けつにく》にはならず、むしろペダントリーへの道を行くことになりがちです。

同じ時間を費やし、同じ努力をするなら、他人はどうあれ、自分にとって「心の栄養」となるような本を読んで、豊かなインテリジェンスへの道を行きたいものです。

そこでまずは、自分が何に対してもっとも興味を感じるか、と考えるところから始めましょう。

歴史の本であれ昆虫の研究書であれ、自分の興味のある分野の本をまず一冊手に取ってみる。その本から一つでも新しいことを知ったり、面白いなあと感動したら、その本のなかで紹介されていたり引用されていたりする別の本を読みたいという欲求が出てくるでしょう。あるいは、一つの事象について、ちょっと別の側面から眺めてみたいという思いが、新しい分野の読書へと導いてくれるかもしれない。良い読書とはこのように、内的な契機から発展して、生きた知識が上積みされて好循環をなしていくものなのです。

ベストセラーは読むべきか？

内的な契機のない読書には意味がないと考える私にとって、マスコミ、とくにテレビなどが喧伝するベストセラーなどというものは、じつにうすっぺらな現象に見えます。

現代のベストセラーは、テレビや雑誌などのメディア・ジャーナリズムによって「作られる」側面が多分にあります。芥川賞だの、直木賞だの、あるいは本屋大賞だのと陸続《りくぞく》として「作りだされる」ベストセラーの数々、あるいは影響力のあるタレントがテレビで薦める「この一冊」というもの。こんなことによって、翌日から本屋で突然売れ出すということが、実際に起こり得るわけです。

これに対して明治時代くらいまでは、面白かったという感想がじわじわと口コミのような形で広がって、たとえば『吾輩は猫である』などが、ベストセラーになっていった。テレビのようなマスメディアが存在しなかったから当然なのですが、今と昔とでは、ベストセラーの生まれるプロセスがまったく違っていました。

要するに現在は、メディアにのせられて、読む必然性のない人たちまでが読むことによって、ある種の本がベストセラーになっている。ひと言でいえば、こうした現代の「作られたベストセラー」を読む必要はないと私は考えます。

いや、その本が、内的にどうしても読みたい内容だと思ったら、ぜひ読んだらいい。しかし、ただテレビで言っていたから、みんなが読んでいるから、本屋に山積みになっているから、などの理由で本を買うというのは、まあよしたほうがいいと思います。

昨今、大ベストセラーになっている本を、たとえば五〇年後に、覚えている人はどれだけいるでしょうか。きっと図書館には残っているでしょう。けれど、長い年月読み継がれる本は、現実には多くないのです。

もちろん最近のベストセラーのなかにもすばらしい作品はあるのかもしれませんが、「長い年月の批判」に耐えて「古典」となるような本は決して多くはないのです。いわゆるベストセラーが、一種の流行現象である以上、時間によって淘汰《とうた》されていくのは避けられない運命だからです。

流行現象を牽引《けんいん》する洒落たターム（term：術語）というものが、昔からありました。

私の学生時代には「実存主義」が大流行して、フランスの哲学者、ジャン＝ポール・サルトルなどがもてはやされていました。けれども今サルトルを読む人など、どのくらいいるでしょうか。その頃の流行の最先端を行っていた日本の実存主義作家は安部公房《あべこうぼう》でしたが、高校生だった私は、『砂の女』『他人の顔』なんて作品を読んで、なにかこう精神の栄養を得たような、少し大人になったような喜びを感じたものです。では、いまの私に、その読書がなにか影響を与えているか、と自問すると、正直に言えば、なにも残っていません。たぶんそれは、流行を追いかけて読んではみたけれど、私の心には読む必然が用意されていなかったことを意味するのだと思っています。

その後「構造主義」がやってきます。それからさらには「ポスト構造主義」などなど。こうした流行の喧伝にひと役買う文化人というのはたくさんいて、メディアに出てきていかにも偉そうな態度でもの申しますから、そうか、読まなきゃいけないのかと、条件反射的に手に取る人も出てくるでしょう。

おそらく、明治時代の旧制高校生などは、デカルト・カント・ショーペンハウエルなどと唱えて、ドイツ哲学などを齧《かじ》っては、解ったような顔をして大いに議論の熱を吹いたのだと思いますが、それは私どもの祖父母の時代の流行で、今では、哲学専攻の学生でもなければ、ほとんど読む人はいないことと思います。私もまったく読んでいません。

こうしたことどもも、しょせんは流行です。かかる流行の一現象に過ぎぬものは、二〇年、三〇年と時間が過ぎると、ほとんどの人は忘れてしまい、ターム自体が過去の遺物になってしまうことは歴史が証明しています。

一方で、ヒューマニティ（人間性）の根幹にかかわる本は必ず後世まで継続的に玩味《がんみ》され、そのすぐれた作品は真の意味での「古典」となります。物事を考えるよすがになったり、感情が揺さぶられたりする本、そうした本は、ヒューマニティというもの自体が不易のものである以上、時間の淘汰《とうた》を経て残ってゆくものです。

人生は短いのだから、できるだけそういう年月の淘汰を受けた本を読みたいと私は思います。先に述べた、なんとか主義を触れ回るような文化人は、はたして、『源氏物語』をきちんと読んでいるのだろうか。一時の流行書と、千年読み続けられた書物のどちらが大切か、私にとっては論を俟《ま》たず、古典です。つまり、ベストセラーは読まなくていいが、真の古典は読んだほうがいい、そういう立場です。

世の中には常に最先端を知っていることに価値をおく人もいますから、そういう内的動機からベストセラーを読むのは、それはそれでいいと思います。人それぞれ、読書のモティベーションは違っていい。そういう人から見ると、古典ばかり読んでいる私のような人間は、さぞ不勉強に映るのでしょう。そう思われたところで痛くもかゆくもないのですが。

芥川賞・直木賞はひとつのファッション

ベストセラーを読まないのと同じ理由で、私は、芥川賞・直木賞作品を読みません。私にとって時間の無駄だからです。

もちろん読みたい方は読めばいいのです。読書においてもっとも大切なのは、すでに述べた通り、自分が読みたいもの、自分にとって必要だと思うものを読むことです。世の中にはこれだけ多くの本が出版されていて、かつ人生の時間は有限なのですから、自分が本当に読みたい本のみに時間と労力を費やして、他人が何を読んでいようと一切気にしない、これが私の読書スタンスです。

書物の価値は、畢竟《ひっきょう》「時間」が決めてゆくものです。

出版されてから三〇年、五〇年と年月を経て、それでも多くの人が手に取るものであれば、それはヒューマニティの根幹にかかわる何かが描かれている書物であり、いつまでも色あせずに古典として残る書物だといえる。そういう本を私は読みたい。

それに対して、現在の芥川賞・直木賞作品というのは、私から見れば一つのファッションに過ぎません。鳴り物入りで出版されて、メディアでも一時しきりに報道されますが、それらを一〇年後に覚えている人がはたしてどのくらいいるか。三〇年後に読む人がどれだけいるか。大いに疑問です。

私の若いころに大ベストセラーになり一世を風靡《ふうび》した柴田翔《しょう》『されどわれらが日々――』（一九六四年）や、庄司薫『赤頭巾ちゃん気をつけて』（一九六九年）などを、今の若い方はまずほとんど読まないことでしょう。

皆がロレックスの腕時計を持っているから自分も欲しくなる、というような付和雷同の精神を、私はまったくもち合わせていません。二〇一五年に大いに話題になった又吉直樹さんの小説もちょっとだけ見てみましたが、すぐに読むのをやめてしまいました。私には読む必要のない本だと思ったからです。

私にとって読書は、広い意味での娯楽です。読んでいて楽しくなければ意味がないのです。そして楽しくさえあれば、なんの役に立たなくたっていいと思っています。ここで言う「役に立つ」とは、プラグマティック（実利的）な意味においてです。

「これを読むと五分で記憶力が増進する」とか、「一カ月で不動産鑑定士に合格する」とかいうような、いわゆる実用書は、読めばそれなりの役に立つかもしれません。あるいは、インターネット上にちらばっている料理のレシピを集めて編集しただけの本なんてのも、どんどんベストセラーになるかもしれない。

しかし、そういう本をいくら読んだところで、それは私にとって「読書」ではない。一時的に知識を詰め込むためにマニュアルを読むのと変わらない営為に過ぎないのです。

道具という意味ではなんの役にも立たないけれど、それでも、内的な契機に突き動かされて、やむにやまれずに読んでしまう、それがほんとうの読書ではないかと思います。

再読の機が熟すとき

心を動かされて本を買ったものの、途中で挫折し、最後まで読み切れなかった、そんな経験を誰しももっているのではないでしょうか。

もちろん私にもありますが、これはまったく恥ずかしいことでもなければ、コンプレックスを抱くことでもありません。その時点では、本を読み通すだけのモティベーションが十分でなかったということであったに過ぎないのです。

しかるに、その後の人生で、たとえば社会に出て仕事をしたり、大切な人と出会ったり別れたり、あるいは結婚して子どもが生まれたりと、さまざまな経験を経た後で、ふと、もう一度あの本を読んでみようかなと、思い出すことがあるかもしれません。

そういう内的契機が熟したときに、思い出して再読してみたら、ああ、こんなに面白い本であったかと、初めて「発見する」、そんな経験は、私もいくらもしています。

つまり人間の内的なもの、コンピュータにたとえるならOS（オペレーティング・システム）に当たる部分は、歳をとり経験を重ねることで進化していきます。

どんなに聡明であっても、一〇歳や一五歳の子どもが人間世界の複雑な喜怒哀楽や恋愛の機微などを理解できるかといえば、それは無理でしょう。

けれども、大人になって挫折をすることで、人間が生きる痛みを知るようになるし、恋をして初めて「愛する」とはどんなことかを体得し、あるいは子どもをもつことで、子に対する親の無条件の愛情が身に沁《し》みるようになる。

だから高校時代に『源氏物語』や『平家物語』を授業で読んだとしても、たしかに頭で語意的な意味は理解はしても、味わうところまでいくのは至難の業だと思います。それが私のような歳になると、あれこれと人生の辛酸を嘗《な》め、さまざまの紆余曲折を経て、「ああ、そうだなあ」と、細かな機微まで堪能できるようになるのです。

二〇一六年、私は『謹訳平家物語』全四巻を出版しました。

『平家』は、もともと琵琶法師が歌いつつ語った「唱導《しょうどう》文芸」です。いわば教訓的芸能であったわけです。それを現代語訳するのに、高校生の学習参考書に出ている現代語訳みたいに無味乾燥な文体では、いちばん大切なところがすっぽりと欠落してしまいます。

そこで私は落語や講談の文体を援用して、あたかも講釈師《こうしゃくし》が語るような文体を用いて現代語訳しました。この文体を私は「講釈体」と呼ぶことにしました。いわば「朗唱する文体」です。

ちょっとその講釈体の一例を読んでみましょう。

二度之懸《にどのかけ》

その時、河原《かわら》兄弟配下の下人どもは、

「河原殿兄弟は、只今城《じょう》のうちへ真っ先かけて、討たれなさったぞや」

と大声で報告をいたします。梶原平三景時《かじわらへいぞうかげとき》は、これを聞き、

「私市党《きさいちのとう》の武者どもの油断によって、河原兄弟を討たせてしまったものじゃ。今こそ、戦機は熟した。いざ攻め寄せよ」

と号令して、鬨《とき》の声をドッと上げたのでございます。これにつづいて、五万余騎の勢が一斉に鬨の声を上げる。そうして足軽《あしがる》どもに命じて、逆茂木《さかもぎ》を取り除《の》けさせ、梶《かじ》原景時麾下《わらかげときき か》の五百余騎が、大声を上げながら突進してまいります。次男平次景高《へいじかげたか》は、なんとしても先駆けをしようと逸《はや》り立って進んでゆくほどに、父の平三は、使者を立てて、諭《さと》します。

「後陣《ごじん》の勢《せい》の続かぬうちに、滅法《めっぽう》やたらに先駆けをする者は、戦後の褒美《ほうび》は無いぞとの大将軍《たいしょうぐん》の仰せであるぞ」

このように申しましたるところ、平次、しばらく立ち止まって、

「もののふのとりつたへたるあづさ弓
　ひいては人のかへるものかは

　武士たるもの、代々伝えてきた梓弓をいったん引いてしまったからには、戻すことができぬごとく、さて私もここで引いて帰ることなどできるものでありましょうや、できませぬぞ

と、これだけを父上に伝えてくだされよ」

と言い残すと、また大声を上げながら突進してゆく。

「平次を討たせるな、続けや者ども、景高を討たせるな、続けや者ども」

と叫びつつ、父の平三、兄の源太（景季《かげすえ》）、同じく三郎（景家《かげいえ》）、と続いてまいります。

梶原勢五百余騎は、かくて大勢のなかに駆け入り、さんざんに戦い、わずかに五十騎ばかりに討ちなされて、ざっと引いて出てまいります。が、さてどうしたことか、景季だけはそのなかに姿が見えませなんだ。

「どうした源太は、郎等ども」

と問うてみれば、

「おそらく深入りしてお討たれになったのでござりましょう」

と申す。梶原平三これを聞き、

「わしがこの世に生きていようと思うのも、所詮子供らのためじゃ。源太を討たせて、もはやこの命を生きてもなんの意味があろう。引き返せ」

と言ってまた敵陣目がけて引き返す。そうして梶原平三、大音声を上げて名乗ったことは、

「昔、八幡《はちまん》太《た》郎《ろう》義家《よしいえ》殿が、後三年《ごさんねん》の戦いに、出羽《でわ》の国、千福《せんぷく》金沢の城《じょう》をお攻めになったる時、生年《しょうねん》十六歳にて真っ先を駆け、左の眼《まなこ》を兜の鉢《はち》付《つ》けの錣《しころ》まで射ぬかれながら、返しの矢を射てその敵《かたき》を射落とし、後代《こうだい》にまで名を上げたる、鎌倉権《かまくらのごん》五郎《ごろう》景正《かげまさ》の後胤《こういん》、梶原《かじわら》平《へい》三《ぞう》景時《かげとき》、一人当千《いちにんとうぜん》の強者《つわもの》ぞや。我と思わん人々は、さあ、この景時を討って平家の大将のご覧に入れよ」

と叫ぶが早いか、突進してまいります。新中納《しんぢゅうな》言《ごん》知盛《とももり》卿は、

「梶原は、東国にて名高い勇者ぞ、討ち余すな、討ちもらすな、討て、討て」

とて、大勢のなかに取りこめて攻められたるほどに、梶原は我が身の上のことは、なにも考えずして、

「源太は、どこにおるかや」

とて、数万騎《すまんぎ》の大勢のなかを、縦さま、横さま、蜘蛛手《くもで》、十文字《じゅうもんじ》に駆け割り、駆け回り、探し求めましたるほどに、源太は、もはや兜も仰《あお》のきになるほど奮戦《ふんせん》して、馬も敵《かたき》の矢に射させ、徒立《かちだ》ちとなり、二丈（六メートルほど）ばかりある崖をば背にして、敵五、六人の中に包囲され、郎等二人《ににん》を左右に立て、脇目も振らず、命惜しまず、ここを最期と防ぎ戦っているのが見えた。おお、父景時はこれを見つけて、

「いまだ討たれていなかったのだな」

と急ぎ馬より飛んで降り、

「景時がこれにあるぞ、いかに源太、死ぬるとも敵に後ろを見せるような卑怯な真似はするな」

と督励して、親子して五人の敵を三人討ち取り、二人《ににん》に傷を負わせ、

「弓矢取る身は、駆けるも引くも、時の運というものじゃ。いざ来い、源太」

とて、源太を引き抱えて戦場から脱出してまいります。

梶原の二度の駆けとは、これを申すのでございます。

（林望著『謹訳平家物語［三］』祥伝社）

とまあ、こんなぐあいで、討たれそうになった息子を、父親が危険を顧《かえり》みず助けに出るこのくだりなど、おのずから涙腺《るいせん》が緩みます。「子をもつ親として、わかるなぁ……」と。こんなところは、まだ結婚もせず子どももいない、一〇代の少年少女では、切実な共感は抱けないだろうと思うのです。

そんなふうにして、登場人物の中に自分自身の分身を発見する——これは、文学作品を味わうひとつの醍醐味《だいごみ》であります。

かくして、若いときに放り出してしまった本でも、中年以降になってから、もう一度読んでみようと思う瞬間が訪れることは十分にあり得ます。

いや、そもそも本を読むには「機が熟す」必要があるのです。つまり、読むための内的契機が熟すまで待つ、それまでは寝かしておけばよい。

そして、私の考えとしては、とくに定評のある古典は、若いときにいったん諦《あきら》めても、人生のどこかで、じっくりと通して読んでみることを勧めます。古典には、それだけの価値が必ずあり、価値があるからこそ古典になったのですから。

ただ、こういうことを実現するためには、本は買って座右に置いておかなければなりません。図書館で借りる、あるいは買ってもすぐに売ってしまったりしては、時を経てふたたび手に取る機会を得られません。

座右に置くといっても、場所的な制約はありますからすべてとはいきませんが、できるだけ本は買って置いておくのがいいと私は考えています。途中で挫折したものも含め、読んできた本を振り返ることは、自分の人生を振り返ることに他ならないのです。

心を開いて本を選ぶ

自分が読みたい本を読む、これが私の読書の鉄則ですが、その際に、間口《まぐち》をできるだけ広くしておいたほうがいいとも思っています。

本との出会いは、ある種、宝物を掘り出すようなものです。宝はどこに埋まっているかわかりません。いつもと違う道を歩いていて、石ころに蹴躓《けつまず》いて倒れたら、そこに宝が落ちていたなんてこともあるかもしれない。それゆえ、少しでも興味のある分野の本なら、当面の仕事や勉強に役立たなくても、まずは手に取ってみるくらいに「心を開いていること」が大切です。

私は二〇代、三〇代のころ、大藪《おおやぶ》春彦の小説を愛読耽読《たんどく》していました。当時は研究のためにひたすら文献を読む日々で、過労死しそうになるほど勉強に忙しかったのです。すると、夜遅く布団に入っても、頭が疲れすぎて眠れない。熱中して勉強を続けていると、脳神経が興奮してしまって、なかなか睡眠モードにならないのです。

そんなときに寝床に入ってから読んでいたのが『蘇《よみが》える金狼』など、和製ハードボイルドの金字塔、大藪春彦の作品群でした。悪人が出てきたら有無を言わせず撃ち殺す、女が出てきたらたちどころに口説き落とす、主人公は不死鳥のごとくで絶対死なないし、もう、やりたい放題。この非常に単純明快なハードボイルドに、当時の私はとても慰められたものでした。ある種のカタルシスを得て頭を休め、眠りにつくことができたのです。

研究に役に立つことはなくても、大藪作品に出会えたことで、私の人生には大きな慰安を与えられました。

この経験から「読書に貴賤《きせん》なし」と私は考えます。

何々主義の本も、古典の名著も、大藪春彦も、自分にとって力を与えてくれるのであれば、すべて意味のある読書です。

私の周囲を見渡すと、幅広く読書をしている人ほど、面白い人が多い。

自分の専門分野には関係ないけど、これがちょっと気になるから読んでみようと、心がフリーハンドの状態にある人は総じて魅力的です。

それに対して、一つの分野に拘泥《こうでい》して、ペダンティックに、あれも知っているこれも知っていると知識をひけらかす人は、どうも人間的に面白くない。

つまり、大事なのは、専門分野における深い研究と広い教養をバランスよく兼ね備えることなのでしょう。

それぞれの専門はもちろん必要です。国文学者であれ鉄道マニアであれ、それぞれの専門的知識がまず土台にあるべきです。

ただし、専門的知識ばかりを追い求めると、その世界の中だけで知識は蛸壺《たこつぼ》化し、外の世界に向かって心を開いてゆくことが難しくなります。ここにおいて、敢《あ》えて専門以外の本も読む、という一種のバランス感覚が大切になってくる。

かつてロンドンには「ブルームズベリー・グループ」という世界がありました。

詩人や画家、音楽家、学者などがロンドンのブルームズベリーに多く住んでいて、ひとつの文化的グループを形成していました。これは、異なる分野の教養人が集うて、互いに知的刺激を受け合うことで、二〇世紀の初頭から中葉にかけて、新しい文学や芸術、あるいは哲学や思想を生み出していったのです。かの有名な『The Tale of Genji』すなわち、『源氏物語』の世界初の英訳をした天才アーサー・ウェイリー（一八八九～一九六六年）も、

このブルームズベリー・グループの一員として知られています。

本居宣長《もとおりのりなが》（一七三〇～一八〇一年）の師匠である儒者の堀景山《ほりけいざん》は、「味噌の味噌臭いのと、学者の学者臭いのは、鼻持ちならぬ」と喝破したそうですが、まったくそのとおり、やはり、過度に狭い世界には閉じこもらないほうがいいと私は感じます。

『荘子』には「無用の用」という、じつに含蓄《がんちく》深い言葉が出てきます。役に立たないと思われているものが、じつはたいへん重要であるという意味です。たとえば人が歩くとき、実際に必要なのは足を乗せる場所だけです。ではそれ以外の地面は無用かといえば、そうではない。足を乗せる部分しかなければ、恐ろしくてとても歩けないでしょう。無用の平地があるからこそ、我々は安心して歩くことができる。そのように、人間の叡智というものも、必要なことだけ、役に立つことだけを深掘りして、一見無用のように見えることを無視していると、結局自分の専門自体も理解が偏《かたよ》ってくることが避けられません。

一見無用な専門外の知識が、専門分野を逆照射してくれることで、知が総体として輝き、

確かなものになる。

このゆえに、役に立たないなと思っても心を開いておおらかに、興味のある本をあれこれ読んでみるのがいいと思います。

本は捨てないほうがよい

読書に限らず、いまお話しした「無用の用」が生活のなかからまったくなくなったら、じつに味わいのない、幅の狭いものになるだろうと想像されます。つまるところ、人間が生きていくとは、無駄な物が増えていくことであり……ひとつひとつの物に、自分の生きてきた歴史が宿っていくわけですから、本を含めた物を、軽々に捨てられないという気持ちは十分にわかります。ここ数年、断捨離《だんしゃり》などということが頻《しき》りに喧伝《けんでん》されますが、私はこの断捨離とは真逆に位置する人間だと思っています。

たとえば、これまで使ってきた歴代のコンピュータすべてを、私は長らく屋根裏に保管していたものでした。

いま使っているマック（Macintosh／マッキントッシュ）は、三十数台目です。初めてコンピュータを買ったのは——当時はまだ手許不如意《てもとふにょい》でしたから親に頼み込んで買ってもらっ

著者が所有するアップルコンピュータの
歴史的名機SE/30。

たわけですが――一九九〇年でした。なにしろ当時のコンピュータはものすごく高かった。小さなマックSE／30とプリンタなどを合わせた一式が九〇万円もした時代です。

この記念すべき一台目は今でも保管してあります。それ以外のマシンもすべて、長年、保管し続けて、我が家では屋根裏部屋を「コンピュータ博物館」と称していたものですが、いかにも置く場所がなくなったので、つい最近、写真を撮ってすべて処分しました。

それはもう、まことに断腸の思いでした。

「このコンピュータで、徹夜しながらケンブリッジ大学の目録を書いたな」

とか、

「これで『イギリスはおいしい』を書いて、エッセイスト・クラブ賞をもらったな」

とか、固有の思い出がそこには付着していたからです。

単なる機械では決してない。文字通り、涙ながらに捨てました。

こういうわけだから、断捨離だ、ミニマリストだといって、どんどん物を捨てる人の気持ちが、私にはいまひとつ理解できません。子どもが小さい頃に小学校で描いてきた絵だとか、初めて作った工作の作品だとか、そんなものも、親としては、なかなか捨てられません。思い出が染み込んでいる物を気安く処分できる人は、どこか人情の機微を解しないところがあるような気がするのです。

東日本大震災のとき、津波に襲われた家の中からぼろぼろになった家族写真を見つけて、握りしめる被災者の方の姿をテレビで見ました。「物」へのこうした思いは尊いものだと私は思います。

自腹を切って得られるもの

本は場所をとるから、あるいは一々買っていてはお金がかかるから、という理由で、図書館で借りて読めばいいんだと考える人もいるでしょう。

しかし、私の信ずるところは違います。図書館で借りた本の知識は、しょせん、「借りもの」の知識でしかない。自分が読みたい本は、原則として買って読み、読んで良かったと感じた本は、座右に備えておくべきだという立場です。

とはいえ、私も図書館を利用することはあります。仕事上の資料を閲覧しにいく、あるいは古い文献を調査に赴《おもむ》くこともしばしばです。ただし、個人的に読む本は必ず買うようにしています。本を調べたり研究したりすることと、純粋に読書するということとは似て非なることだと思うのです。そして読書の対象の本は、必ず買って読みます。

もちろん、満々たる興味を持って買っても、読んでみたらつまらなかった、あるいは途中で嫌になってしまって抛擲《ほうてき》してしまった、などということも珍しくなく、結果的に無駄買いになることは多々あります。

しかし、そういう「無駄」もまた良き経験だと思うのです。

図書館で借りては返し、また借りては返しを繰り返していると、こうした機序は働きませんから、長い目でみると、目や心を養うということができにくい。

「自腹を切る」ことの対価は、たしかにあるのです。

三好達治著『故郷の花』の初版本と、
持ち歩くときにかける布のブックカバー。

敢えて申すならば、無駄が人を成長させてくれるのだと思います。人には無駄な部分が必要なのだと。時間とお金と労力を使い、失敗をし、たまには幸運に恵まれながら、試行錯誤しながら人は前に進んでいくものです。

本に対しては、こちらがオープン・マインドであることと同時に、出会う場所を豊かに持っていることも大切です。

私は詩が好きなのですが、そのきっかけは、高校生の頃に遡《さかのぼ》ります。

高校は、新宿区にある都立戸山高校に通っていました。学校から当時西早稲田にあった自宅へ帰る途中、早稲田通りをずっと歩いて通りました。

当時、早稲田通り沿いには今よりもずっと多かった古本屋が、それこそ軒《のき》を連ねていて、ちょうど自宅へ曲がる角に、「金峯堂書店《きんぽうどう》」という古書店がありました。その店の軒先に出ている、一冊一〇〇円だったか五〇円だったかくらいの、廉価《れんか》古本が並ぶ棚を眺めるのが、そのころの日課だったのですが、ある日、三好達治の『故郷の花』（昭和二一年刊）という詩集の初版本を見つけました。和紙で装訂された、小さな美しい詩集でした。それが、ふと気になって手に取ったのが、詩の本と私の出会いでした。

ああ、詩の世界とはこういうものなのかと。いいなあと。この小さな美しい初版本は、今も大切に保管しています。

もし学校帰りに早稲田通りを通っていなかったら、もし「金峯堂書店」の棚を覗《のぞ》いていなかったら、もしその時お金を持っていなかったら――詩を愛する今の私は存在していなかったかもしれない。本と出会う場所を豊かに持っている、そして興味を持った本を買うことで、自分の新しい扉が開くことがあるのだと学びました。

本との出会いに多様性を持つ

要するに本との出会いは一期一会です。

いつどこで必要な本と出会うかはわからない。

いまでも私は時間があると古書店をちょっと覗いたりします。

神田とか本郷とか早稲田に出かけた折には、古書店をあちこち覗いては、その本棚をぐるりと眺めて「ああ、こんな本があるんだなあ」と、発見する時間を大切にしています。

ある日、神田神保町の一誠堂書店という老舗《しにせ》古書店の店頭で、そうやって棚を眺めていたとき、私は一冊の本を手に取りました。それは『解題叢書《かいだいそうしょ》』と題された一冊で、大正一四年に広谷国書刊行会《ひろたにこくしょかんこうかい》という出版社から出た本でしたが、ページを開いてみると、そこに小さな字でたくさんの書き入れがしてあるのを発見しました。その字を見れば、決して忘れることも見まがうこともない、懐かしい先師阿部隆一先生の手書きの文字だったのです。

私は、先生遺愛の一冊と、こうして巡り合って、いまも大切に書庫にしまってあります。

そんなことも、古書店巡りの愉《たの》しい偶然によるのです。

ただ、実際の古書店巡りには時間的にも物理的にも限りがあります。

そんな時に役立つのがインターネットです。私はインターネット上での本の検索もよくします。必要な本を買おうとして、著者名によるネット検索をすると、その著者の別の本がずらりと出てきます。その中には当然、自分が知らなかった本もある。意外なタイトルも出てくる。若い頃の著書が出てきて、こんな本も書いていたんだなあと知ると、目下必要に迫られているわけではなくとも、取り寄せて読んでみたいなと思うものです。

たとえば『徒然草』というキーワードで検索すると、さまざまな注釈書が検索結果に並びます。その中に、未読のものがあると、つい買ってしまう。

つまり、ネットを使うと、時代を越え国を越え、古今東西の書物が一瞬にして検索できるという大きな利点があります。

一方でリアルな古書店には、実際に現物を手に取って確かめた上で購入できるという利点があります。

この双方を補完的にうまく使って、本との出会いの形に多様性を持たせることが大切だと思います。

第二章　読書法あれこれ

図書館では本を読めない

読書がはかどる環境は人によって違います。

私の場合、まず、無音の状態でないと本が読めません。ですから、音楽を聴きながらの読書などはあり得ない。

それから図書館が苦手です。周囲に人がいると、どうも気が散って本が読めません。なぜかわからないけれど、読んでいてもさっぱり頭に入ってこないのです。ところが、電車の中なら問題なく読書ができる。隣に人がいても、自分の世界に閉じこもることができるのだから、不思議といえば不思議です。こういう読書環境というものは、人によりさまざまで一様ではないと思いますが、場所がどこであれ、本を中心に自分の空間が保持できるかどうかが大事なんだろうと思います。

ではなぜ図書館では集中できないのか。

図書館には、規則がありますね。私語をしてはいけないとか、飲食をしてはいけないとか。そういう、何かを強制されたような環境が、私自身は好きではないんだろうと自己分析しています。

私の図書館への苦手意識は今に始まったことではなく、小・中学生の頃、読書家の少年少女たちが、図書室に入り浸って、したり顔で本を読んでいる姿にどうも馴染めなくて、私自身は近寄りませんでした。

そういう心の傾向は今も続いていて、読書の対象となる本は、買って読むのでないと心に入らないし、図書館ではなんとしても本が読めません。そんなこともあって、私は自宅に保管している蔵書が、どんどん増えてしまって今に至っているというわけです。

結局のところ、読書は広い意味での娯楽です。

もちろん私だって役に立つ本も読むし、勉強のための読書もするのですが、それは仕事のために仕方なくといった、あくまで二義的な読書であって、ほんとうの意味での読書からは距離があるように思います。

面白いから読む、純粋に「読む」という観点から言えば、読書は広義の娯楽以外のなにものでもありません。仕事のために義務で読む古典文学であっても、楽しいと思うとどんどん進んで、研究に発展性が出てくる一方で、面白くない本はすぐに忘れてしまうものです。

だから私は、読書を「勉強」というコードに結び付け過ぎないほうがいいという考え方です。音楽にしろ文学にしろ、芸術は人を楽しませる。楽しいからこそ、そこに没頭することができる。没頭するからこそ、また心に沁み入って、一生の宝となる、とも言えましょうか。すると、人は勉強ではなく、娯楽によって賢くなるというところがたしかにあるのです。

本人が楽しいと思わなければ、どれだけ人に薦められたところで、楽しく心に入ってこない、読んで楽しくないものは、読み手にとって、良い作品ではないと言うこともできます。

そうして、楽しく読むにはまず、心を自由に遊ばせながら読むことが肝要です。自由に遊ばせながら読むには、何かをしてはいけない、あるいはしなければならない、なんていう「強制された環境」や「制度的な読みかた」は適当ではないという気がします。

仮に、なかなか高くて買えないような本などは、図書館で借りて読むことがあるとしても、図書館の閲覧室で窮屈な思いをして読むよりは、自分の部屋など、ゆったりとくつろげる場所で読んだほうが、きっと為になると思います。

そして本音を言えば、前章で述べた通り、図書館で借りるのではなく、多少の無理をしても買ったほうがいい。半分以上は無駄買いになるけれど、それはしかたがないことです。

さらに言えば、無駄買い・無駄読みになったとしても、一度開いた本はできるだけ取っておくことを勧めます。一度挫折しても、再び挑戦してみようという時が来るかもしれないからです。「袖振りあうも多生《たしょう》の縁」と言いますね。『源氏物語』の光源氏は、一度でも関係を持った女性は、たとえ自分の好みでなかったとしても、生涯、面倒を見ました。

あの心がけは女性関係に限らず有効だろうと思います。本も、ひとたび手に取ったなら、それは縁があった本だと見なして、極力捨てずに手もとに置いておくことにしています。

ただ、私のような仕事をしていると、出版社から毎日のように本が送られてきます。私の家には地下に二万冊近く入る書庫がありますが、それでも入りきりません。また、中にはまったく興味がない本も少なからず含まれていますから、年に一度、馴染みの古本屋さんを呼んで、処分することにしています。まあ、これは私の心とは縁のなかった本だと見なすということです。

私の蔵書管理法についてはあらためて、第七章でくわしくお話ししましょう。

随時読む、同時に何冊も読む

「本をいつ読むか」も、人によって千差万別でしょう。

朝五時に起きて、それから七時までの二時間を必ず読書に当てるとかいうような、規則正しい方もおられるかもしれません。

私は、本に関しては「決まりごと」が苦手ですから、そういうのは楽しくない。

それで、「随時読む」がいちばんです。仕事に疲れたときに、読む。ちょっと暇なときに、読む。お菓子を食べるように、読む。それが読書を楽しむ私の基本姿勢です。

家の外で随時読むためには、常に持ち歩く必要があります。

そういう意味で、文庫本のポータビリティはすばらしいし、厚い重い本は迷惑です。気が向いたときに鞄からすっと取り出せることが何より大切ですから。

電車を待っている僅か一〇分間でも、食堂で注文して料理が来るまでの五分間でも、あるいはトイレに座っている五分ほどでも、あらゆる細切れの時間が、読書にとっては物を言います。

一息ついたときに、ふと本を取り出して読む。一〇分間だけ別世界を旅する。至福の時です。

「暇有るを待ちて読まんとせば、必ず書を読むの時無からん」という警句がありますが、まさにその通り、忙しい人ほど良く読んでいるものです。そしてその要諦は、細切《こまぎ》れの時間をいかにうまくマネージして、細切れの読書に充てるかということなのだろうと思います。

また私は、同時並行的に何冊も読み進めるのが好きです。

そもそもが、一冊に専心して読む必要などまったくないと考えています。前菜なら前菜、ステーキならステーキと、一品に特化して食べ進めるのが西洋料理なら、白米を食べ、肉を食べ、野菜を食べ、味噌汁を喫して、漬物をつまんで、再び白米を食す……と、あっちこっちを少しずつ食べ進めるのが日本の食事です。同じように、数冊の本を同時に楽しむのが私の読書法です。

ジャンルの異なる本を数冊、同時に読んだとしても、内容が混乱することはありません。むしろ、ミステリーを二冊など、同じジャンルの本を複数読むよりも、異なるジャンルの本をあれこれ読むほうが頭が切り替わっていい刺激になる気がします。

記憶にとどめる読書法

私は、読んでいて上手いなあと感心する文章に出遭《あ》うと、カードに書き抜いておきます。

若い頃は永井荷風の『ふらんす物語』や森鷗外の『渋江抽斎《しぶえちゆうさい》』などを愛読して、好きな文章をカードに書き抜いたものでした。

また、古典を読んでいると、「ほほぉ、こんな日本語の使い方があるのか」と発見することも多い。そこで、そうした発見をカードに書いておく。必ずしも後でカードを読み返すわけではないのですが、わずかでも時間を費やして書きとめることで、興味を惹《ひ》かれた文章表現や新たな知見が、自分の智嚢《ちのう》に知識として固定されていくような気がします。

たまたま電車の中で本を読んでいた場合は、カードになど書いてはいられないから、ペンで少しマークをしておきます。後でわかる程度で十分。今の時代なら、スマホにメモするのだっていいでしょう。大切なのはさらりと読み飛ばさずに、引っかかり引っかかりしながら読むことです。

それゆえ、本は汚さず、きれいに読むというのはどうかと思っています。

気に入ったところは折り曲げたり、付箋をつけたり、あるいは傍線を引いたり、欄外に注記を書き入れたり、そんなことをしながら、「我が本」を文字通り「我が物」にしてゆくわけです。

どんなに記憶力のいい人でも、読んだ本の内容すべてを覚えていることは不可能です。ときどき、「林さんは博覧強記ですね」などと言われることもありますが、私は決して、本に書かれてある内容を丸ごと覚えているわけではありません。

ただし、「あの本にこれこれのことが書いてあったな」と、漠然とした記憶は残っています。そうした記憶が残っているのは、どこか感銘を受ける内容だったからでもあり、あるいは好きなところや珍しい事柄を、カードに書き写すという手間をかけたからでもあります。この「一手間」がなかなかばかになりません。

作家の丸谷才一さんは、エッセイの良し悪しを決めるのは「抄出《しょうしゅつ》の妙」だと言いました。先人の書いた書物の中から、いかにしてどんぴしゃりの部分を引いてくるか。この技術が、エッセイの出来を左右するというわけです。

そういう意味でも、読んで心惹かれる文章は、なんとかして自分の血肉《けつにく》としておきたいものです。思わず暗記してしまった、というほど強い印象のある文章も稀《まれ》にはありますが、基本的に人は忘れる動物であると謙虚に構えて、念のため、後で引用できるように書き抜いたり、マークしておくことを勧めます。

最近は老眼が進んだので減りましたが、以前は、寝しなに本を読む習慣がありました。布団の中の読書はまた、格別な楽しみです。これを昔の言葉では「枕上《ちんじょう》の読書」と言いました。この場合、退屈な本を読んでいるとすぐに眠たくなるから、格好の睡眠剤にもなる。

でもたまに、これはどうしても書き抜いておきたい、という一文に出遭うことがあります。あるいは良いアイディアが閃《ひらめ》くこともある。そうしたときに備えて、枕元には常にペンとメモを置いておきます。

論語に「造次顚沛《ぞうじてんぱい》」という言葉があります。ひっくり返りそうになった咄嗟《とっさ》の場合、そのわずかな時間でも、君子は人としての徳義を忘れぬものだという意味ですが、この言葉の通り、歩きながら、お風呂の中で、あるいは寝る前であっても、いつもなにかを読んだり考えたりする、それで、なにか思いついたり発見したりしたら、すぐにメモする、そういう心がけでありたいものです。

こんなに斬新なアイディアを思いついたのだから、必ず明日の朝まで覚えているはずだと、寝る前は自信満々だったとしても、ほとんどの場合翌朝にはすっかり忘れています。閃いた内容を忘れたならともかく、思いついたこと自体を忘れている場合がほとんどです。しょせん、人間の能力はそんなものです。思い浮かんだ時に、即座に書きつけておかないと、アイディアは雲散霧消《うんさんむしょう》してしまって、結句無に帰してしまいます。

それゆえ、私は浴室の脱衣場にもペンとメモを置いておきます。湯船に気持ちよく浸かっているときや、髪を洗っているときに、ふっと良いアイディアを思いつくことがあるからです。

人間の脳というのは不思議なもので、仕事や勉強を離れて、余裕ができたときに思いがけない働きをするように思われます。科学的な根拠はないものの、これは私の経験上の印象です。何とか良い考えを捻り出そうと腐心しているときには、決して出てきてくれないのに、他のことをしているときや、全然違うことを考えているときに、突然、なにやら妙案が浮かぶのです。

だから私は、普段から、心の余裕をなくさないように心がけています。

仕事のはざまの読書だって、余裕を保っていないとできないでしょう。その余裕が、結果的に仕事にも読書にもプラスの影響を与えるのだろうと思います。

スロー・リーディングのすすめ

「速読」という言葉を、よく耳にします。

速読が流行《はや》るのも、効率重視の時代ゆえかもしれません。たしかに人生は有限です。有限だからこそ、能《あた》うかぎりたくさん読みたいと思う人もいるでしょう。あるいは、試験までに法律の本を何冊も読まなければいけない、といった切羽詰まった状況においては、速読は有効かもしれない。しかし、そういう効率本位の読書は、「作業」であって「読書」ではないと私は考えます。

つまるところ海水を柄杓《ひしやく》で汲《く》みつくせないように、世の中の書物を読みつくすなんてことは不可能です。それならば、むやみとたくさんの本を読むよりも、自分にとってほんとうに必要な本を、丁寧に、存分に味わって、ゆっくりと読むほうが、はるかに良いのではありませんか。

昨今、ファスト・フードに対してスロー・フードということがいわれるようになってきましたが、こんな時代だからこそ、ファスト・リーディングよりもスロー・リーディングを、私は勧めたい。

すでに述べたように、そもそも本をたくさん読むことが偉いのではありません。またそんな必要もない。「私はあまり本を読んでいなくて……」と恥ずかしそうにおっしゃる人がいますが、べつにそんなことで恐縮する必要は毛頭ありません。

たくさん読んだ人がすなわち立派な人間であるならば、大学の先生はみな君子仁者であるはずですが、そうではないことを私はこの目でいくらも見てきました。

最近も、法律書を山ほど読んできたであろう法科大学の教授が、情《じよう》に溺れて試験問題を教え子に漏らすという事件が起きました。書物をいくらたくさん読んだからとて、必ずしも人間の徳義を涵養《かんよう》しないことを、この種の事件が如実に物語っています。

思い切っていえば、読書量と人格にはなんら関係がないのです。

大切なのは何冊読んだかではない。一冊の本をいかに深く味わい、そこから何を汲みとり自らの栄養にしたか、なのです。したがって、速読などはまったく必要ないというのが私の信念です。

先に述べたように私は気になった文章をカードに書いたり、あるいはペンでマークをしながら読んでいますから、必然的に遅読になります。速読なんてとてもできない。

多読するには速読が有利かもしれませんが、脳に沁み込ませながら読む遅読のほうが、インテリジェンスに近づくという意味で、ウサギとカメではありませんが、長い目で見たら勝ちだろうと思います。

書評の使い方、書き方

本を読む際に、新聞や雑誌などの書評を参考にする方も少なくないでしょう。

参考にする分にはいいと思いますが、書評に出ているから読まなければいけないのではないか、と感じる必要はまったくないと私は思います。書評を読んで、もしも食指が動いたのなら、読めばいい、ただそれだけのことです。反対にいえば、書評に取り上げられていても、食指が動かない本は、自分にとって縁のない本、とそう思っています。

私自身について言えば、今は毎日新聞しか購読していないので、原則的に他の新聞の書評は読みません。ただし、信頼している方の本や書評集などを参考にすることはあります。

たとえば二〇一六年一〇月に出版された川本三郎さんの『物語の向こうに時代が見える』（春秋社）は、新しい世界を開いてくれる書物随想集でした。この中で紹介されていた本、三冊を、すでに購読しています。川本さんは一つのジャンルに偏らず、広く見渡して書かれている。この随想集でも、文学、社会科学、歴史、詩と、多彩な本を扱っています。そこが良いのです。

新聞名や雑誌名で選んで書評を読むのも一つの方法ですが、私のように、信頼する書き手を何人か見つけておいて、そういう方の文章に出てくる本を目安にするというやり方もあると思います。そして信頼する書き手を得るには、日ごろからいろいろなものに目を配る必要があるでしょう。

最近は私もアマゾンで本を購入する機会が増えましたが、あのレビューに関して言えば、まったく信頼するに足りないと考えています。アマゾンのレビューに限らず、匿名の文章に価値はありません。何かものを言いたいのであれば、己《おのれ》の立場を明らかにして正々堂々と発言するのが道理でしょう。匿名に隠れて後ろから袈裟《けさ》がけに斬り捨てるような文章は、認めるわけにはいきません。

『論語』顔淵篇に「礼に非ざれば聴くこと勿《なか》れ」という言葉があります。きちんとした礼にかなった言葉でないならば、聴かぬようにせよという意味です。まことにその通り、まさに古典は我々に真実を教えてくれます。

書評を書く側のお話も少ししておきましょう。

私は仕事で書評を書くことも多いのですが、基本的に面白くないと思った本は取り上げません。これは作家の丸谷才一さんに教えられた姿勢でもあります。

たまに、書評で偉そうに罵詈雑言《ばりぞうごん》を浴びせる人がいますが、あれは書評の仁義にもとる。くだらないと思うなら取り上げなければいい、単に黙殺すればいいのです。ぜひ読んでほしい、とりわけ、まだあまり知られていないけれど多くの人が読んで然るべきだという本を、私は積極的に紹介したいと思っていますが、それが書評というものの本来的役割ではなかろうかと思います。

それゆえ、無駄読みになることは多いのです。ちょっと面白そうだと思って、書評のために読んでみた結果、面白くなかったら書かないのですから、結局それは無駄読みになるわけです。そういう意味で、あれこれと無駄読みを重ねた上で、一つでも二つでもいいなと心打たれるところがある本に遭遇したら、初めて書評を書くというのが、書評者としての私の立ち位置です。

丸谷さんが毎日新聞の書評委員長をされていた頃は、自分の専門分野の本を取り上げてはいけない、というルールがありました。

専門家がそれぞれの専門分野の本を紹介すると、往々にして、視野の狭い蛸壺的な書評になるからです。結果、書評されたところで、「こんな専門書、誰が読むんだ？」というおかしなことになる。私の場合は、当然、仕事で学術書・専門書も読みますが、面白いと思ったことはほとんどない。人に勧めたいと思ったことはありません。

また、書評を頼まれることはよくあります。

私の場合、イギリス関係の本を頼まれることが多い。そうした「頼まれ書評」は原則としてお断りすることにしているのですが、縁の深い編集者からのたっての頼みだったりすると、やむを得ず引き受けることもあります。ところが読んでみると、どうしようもない内容だったりするわけですね。さて、そうしたときにどうするか。

私は「外《はず》し書評」とみずから呼んでいるやりかたで書きます。本の内容にはほとんど触れずに、本の周囲や前提になる条件など、その内容にはあまり立ち入らないことを延々と書いて——もちろん、私が面白いと思うこと、興味のあることを書きつらねつつ——、最後の二行くらいで「そのひとつの参考として、この本を読んでみてもいいかもしれない」とかいうように締めくくる。長く書評を書いていると、こうした技が身につきます。

翻訳書を読まない理由

私は翻訳書は読みません。これは現代文学でも古典文学でも同じです。

例外はあります。好きな翻訳者が何人かいて、その方々の訳したものは折々読みます。が、これはあくまで例外であって、原則として読みません。こうなったのは恐らく、若い頃に読んだ翻訳書のトラウマだろうと思います。

名著といわれるような外国文学を手に取ったところ、どうしても文章に馴染めなかった。日本の古典をしみじみ美しいと感じる私の感性に、翻訳書の文章は生硬《せいこう》で不自然で、あの

「翻訳調」というもの、どうしても読むのが苦痛だったのでした。

気になるのは文章の問題だけではありません。翻訳すると、どうしても重要な内容や意味が零《こぼ》れ落ちていくような気がするのです。

昔、ケンブリッジ大学のリチャード・バウリング教授に、

「日本人はなぜ森鷗外を高く評価するのですか」

と聞かれたことがあります。私が、

「だって、いいじゃありませんか」

と答えると、

「林さんはどの作品が好きですか」

と問う。そこで、

「私は『渋江抽斎』が好きですね」

と答えました。すると、

「あれは翻訳できませんよ」

と彼は言う。

「あれを英語に翻訳すると、ただ史実を羅列しているだけで何も面白くないですよ。あれ

が小説だとは誰も思わない」

と。

彼はきわめて切れ者の日本文学研究者で、自身もケンブリッジ大学の出身、当時はケンブリッジのダウニング・コレッジの先生をしていました。その後セルウィンというコレッジの学長になり、すでに引退していますが……。

その彼は、東大に留学中、鷗外全集を読破し、当然、『渋江抽斎』も読んでいる、そういう優れた学者が「鷗外は翻訳できない」と言ったわけです。わからないから言っているわけではない。ちなみに、彼は近代文学のみならず、『紫式部日記』の英訳を出すなど、日本の古典文学に対する造詣も深い。そういう学者が鷗外の文学はヨーロッパに通用しないと言うのは、ちょっと不思議でした。

淡々と事実を羅列していく『渋江抽斎』のような、鷗外独特の史伝スタイルのなかに、我々日本人は、抑えに抑えた情感を深く感じとって心動かされるわけですが、翻訳文ではそれを期待できないというのでした。

これが翻訳の限界であり、反対に言えば、文学はかように言葉と切っても切れない形で存在しているということです。

翻訳で零れ落ちるもののなかには、その国独自の文化もあります。たとえば、ひとつひとつの名辞には、多かれ少なかれその言葉が生まれた歴史や自然が反映しているもので、これがなかなか訳し難いものなのです。

たとえばヒナギク（雛菊）を、英語では俗に「cow's eye daisy」、直訳すると牛の目のヒナギクと言います。ヤブニンジン（藪人参）は「cow parsley」で牛のパセリ、ぺんぺん草は、「shepherd's purse」で羊飼いの財布、という意になります。

つまりこれらの名辞の背後には、牧畜民族としてのイギリス人の歴史と文化が横たわっているわけです。にもかかわらず、ヒナギク、ヤブニンジンと言葉だけを置き換えると、その文化的背景はすっぽりと抜け落ちてしまいます。

もうひとつ思い出すのが、「パッチワーク」という言葉がルーシー・M・ボストンの小説『グリーン・ノウの子どもたち』に出てきたときのことです。

今なら、とくに訳すにも及ばず、そのまま「パッチワーク」と書けば済むところですが、それが訳された当時には、まだパッチワークという外来語はあまり使われていなかったとみえて、翻訳書には「つぎはぎ細工」と訳されています。これでは到底、あの美しい花柄などで作られた手芸作品を連想することはできず、どうかすれば、戦前の日本の農村などでよく作られた、古着を継ぎはぎした粗末な着物などが想像されてしまうかもしれません。

また、こんなこともありました。高校生の頃、アメリカの略史を英語で読んでいたら、「ディスカウント・ストアでデオドラントを買ってきた」というような一文が出てきたんです。「デオドラント(deodorant)」も「ディスカウント・ストア」も今だったらどういうものかわかりますが、当時はまだ、その外来語のままでは、よくわかりませんでした。「odor」は「におい」で、それに「de」という否定形が付いていますから、「デオドラント」とは「におい消し」、つまり、いまはドラッグストアなどでよく見かけるにおい消し成分の入った石鹸の意ですが、ではこれを直訳すると、「大割引の店で、におい消しを買ってきた」となってしまう。これでは実際にどういう店でどんな品物を買ってきたのか、見当がつきません。

このように、単に言葉の上で日本語に置き換えるだけでは、異様なものが立ち現れてしまうことが翻訳にはあるのです。だから、むしろ訳さないほうがいい場合だってある。

そういった判断を適切に下すには、翻訳者に、英国なら英国の文化や歴史への深い理解が求められます。さらにその上で、日本語をもよく知っていないといけません。

以前、私は詩集『海潮音』の翻訳を出しました(『林望私訳　新海潮音――心に温めておいた四十三の英詩』駿台曜曜社）。その時、一五世紀の詩は一五世紀の日本語で、二〇世紀の詩は二〇世紀の日本語で訳しました。こういう訳を作るためには、とくに日本語についての知識や素養、あるいは文学的センスが必要です。何を翻訳するかにもよりますが、とりわけ文学においては、現在使われている英語に精通しているだけでは、翻訳者は務まらないと私は考えます。翻訳者にこそ、もっと日本語と日本文化、さらには日本の古典文学のありようを知ってもらわなくてはなりません。

それやこれやで、読んでいて少しでも不自然さを感じると、ここ原文はどうなっているんだろうと、私は確認したくなってしまいます。

結果的に、翻訳文を読んでいると、あたまのなかに？？？が次々と現れて、もう作品どころではなくなってしまうというのが、遺憾ながら現実なのです。

ただ、ほんの何人かの翻訳者の文章だけは、そういうフラストレーションを感じることなく読み進めることができますが、それはほんとうに例外的です。おそらく、言語や文化の根幹のところで共有するものが多い欧米の文学どうしの翻訳では、はるかにこのような齟齬《そご》感は少ないのだろうと、私はひそかに思っています。

第三章　人と本

読書以前に大切なものがある

大学で国文学を専攻し、その後も国語の教員になり、さらには研究者として書誌学という分野を専門としたこともあり、もう若い頃からずっと「書物」に携わってきました。また、研究上でも、本を読むというのは必須の仕事でしたから、世の中では、私を読書家だと思っている人もおられるかもしれません。しかし、正直を言えば、私は自分を読書家だと思ったことは一度もなく、そもそも小さい頃からちっとも本を読まない子どもであったことを告白しておかなくてはなりません。

自分でも不思議ですが、私は、少年時代、読書ということに全然興味がありませんでした。いや、そもそも読書をする時間がなかった。

母は生前、

「お前はランドセルだけが帰ってきたものだった」

と言い言いしたものです。つまり、

「ただいま」

と帰ってくるやいなや、ランドセルを玄関にほっぽり出して外に遊びに行ってしまう子どもだったのです。

その頃興味があったことの一つは、岩石や地質です。野道を歩いているときに、地層が露頭していると、これはいったい何を意味するんだろうかと思いつつ、飽きることなく眺めたりしていました。

それゆえ、高校生になると地学という科目に大きな興味を持ちました。

その頃の都立戸山高校の地学は、K先生という風変わりな先生が教えておられ、この先生がじつに独特の授業をされたものです。すなわち、教科書などまったく使わない。それで、岩石の組成について、その組成の分析方法の実験なども含めて、半年間みっちりやり、あとの半年は病気で休んでいた、そんな先生でした。学年末の試験の問題も、「岩石の組成について述べよ」と一行だけ書いてある。まるで大学の講義のようでした。

好きな道の私は、表裏びっしり論述して、学年で二番の点数をとり、高校時代のよい思い出になっています。

それから、御多分に洩《も》れず、子ども時代の私は虫や魚などの生き物に興味がありました。それゆえ、さまざまな生き物を家で飼っていました。カエル、ミミズ、イモムシ、ザリガニ、ドジョウ、金魚、コオイムシ、タガメ、コオロギ、それにアリも飼いました。大きな盥《たらい》に、泥とアリを入れて、アリが四方八方歩き回るのを眺めている、ところどころに餌を置いたりすると、どうやって餌に食いついていくか、そこらがまた興味津々でありました。それが、やがて巣を作る。いや、そもそものところを言えば、母の述懐によると、私は幼児の頃から、庭を歩いているアリの列を飽きもせず眺めていて、その行列の出所や行く先を追いかけては面白がっている子どもだったそうです。

外界の事象の観察と考察、難しく言えば、そういうことが少年だった私の、もっとも大きな興味の置き所であったということです。それが、長じて書物の世界への探求や観察、そして分析などの思考傾向と、きっとどこかで繋がっているのだろうと思いますし、また、人間観察というふうに発展してゆけば、そこに小説やエッセイを書くことへの興味も胚胎《はいたい》していたと言えるかもしれません。

私たちの知見は、書物からのみ得られるわけではありません。むしろブッキッシュな知識は副次的なもので、それよりも大事なのは、人間対人間、人間対自然など、自分を取り巻く外界と直接かかわって、そこから自分自身で考えようとする興味のもち方だと、私は考えます。とりわけ子どもには、こうした直接的経験が及ぼす影響力は大きいのです。

たとえば、文字のない国に育って本を読んだことのない人が、人間的に成長しえないかといえば、決してそんなことはありません。我が国の祖先も、中国から漢字が輸入されるまで文字は持たなかったわけですが、漢字が入ってきたときに、それをツールとして使いこなして、万葉仮名を発明し、以て『古事記』や『万葉集』を書くだけの叡智の蓄積を持っていました。つまり、書物を読んでないから人間は発達しないということはないのです。

ダーウィンにしろ、ファーブルにしろ、アインシュタインにしろ、子どもの頃に本ばかり読んでいたわけではきっとないでしょう。彼らの興味はむしろ「外界」に向いていたはずです。庭の虫や鳥、草木や空の色、雲の形や星座などを眺めて、あるいは世の中に溢れている数字の数々など、その「現象」の向こうにある「原理」を想像し探求することが、長じての叡智に繋がったのであろうと、私は信じます。

それゆえ、現今の子どもたちや若い人たちのように、現実も見ず、本もろくに読まず、ただバーチャルなゲームばかりやっていては、おそらく科学や文学の発展に繋がる、本物の叡智は育たないだろうと思います。

言ってみれば、読書というのは後からついてくるものです。虫が好きになった子どもなら『ファーブル昆虫記』に、あるいはひいて「蟲愛《むしめ》づる姫君」（『堤中納言物語』）という古典にだって興味をもつかもしれない。さまざまなことについて、先人たちがどう観察し、そこから何を考えたか、そしてどのように理解したらよいかを教えてくれるのが書物ですから、まず、自分の中に問題意識がなければ始まらないのです。

「読書会」は高級な暇つぶし

自発的に問題意識が生まれないという意味で、私は、学校が子どもたちに、指定の「課題図書」を与えて、感想文など書かせるのは、なんの意味もないと思います。人それぞれに育ち方も違い、問題意識も違うわけです。それゆえ、心が欲しているものはみな一様であるはずがない。

だから、一番良いのは、一人ひとりの「自発の意志」に任せることです。

読書は極私的なものですから、「古今の名著」などと称して、万人すべからく読むべしと推奨すべき書物など存在しない、というのが私の考え方です。自分にとって面白い本、よい本はあっても、万人にとっての名著というものはありえない。

同様の理由で、私は「読書会」なども好きではありません。

最近、大人の間でも読書会が広がっているようなか、ひねくれたことを言うようで恐

縮ですが、なぜ「集団で本を読む」必要があるのだろうかと不思議でならないのです。そういう場で、人の感想を聞いても、私は、

「ふーん、なるほど……あなたはそう思うんですね」

と思う程度のことです。

「私もそう思います」

と思ったところで、そのことが自分の読書に何程のものも付け加えるとは思えない。本の読み方や感じ方は千差万別で、話し合ったところで一致するものではないし、また一致させる必要など毛頭ありません。

こういう意味で、私が高校生の時分、あれは当時の流行だったのだと思いますが、現代国語の時間に、グループ学習というのが行われていたのは、私にとって、まったく迷惑な話でありました。読みたくもない教科書の文章を読まされ、なんの問題意識も感じないままに、形だけ討論のまね事などしてみせる。あんなことに、ほんとうに意味があると思っていたのだろうかと、ああいうことを主唱した人たちの考えを疑います。

拙著『帰らぬ日遠い昔』（講談社文庫）に、このあたりのことは、くわしく書いたので、ぜひご一読ください。

ともあれ、私は、いつも内心「下らないなあ、これは。まったく教師の自己満足だ」と、苦々《にがにが》しく思っていたことが思い出されます。

読書会の一番のデメリットは、自分にとって興味も必然性もないのに、課題となった本を読まなければいけないことです。メンバーが代わる代わる「次はこれを読んできてください」と、課題本を決める形式の読書会は少なくありませんが、これだと夏休みの課題図書と同じで、結局はほとんど自分には興味のない本を読まされる。私には、それが苦痛でなりません。

もう一つ、読む速度も人によって異なります。来月までにこの本を読んできましょうと言われても、ゆっくりと少しずつ味わいながら読みたい本だってあるから、一カ月では読み終わらないかもしれないし、また別の人はさっさと読んでしまって、肝心の読書会のときには、半分忘れてしまっているかもしれない。

私にとって読書とは、自分にあった環境と速度で、あるいは密度で、ひとり静かに読んで、独自に楽しむものであって、それ以上でも以下でもありません。

今はブログやソーシャル・ネットワーキング・サービスなどで、自分の感想を容易に発表できる時代になりました。やりたい方は自由にやればいいと思うし、趣味が合うと思う人の感想はどんどん読めばいいと思います。ただし、私はそういうことにほとんどなんの興味も抱くことができません。

昔、慶應義塾大学の大学院にも「林鐘会《りんしょうかい》」という読書会がありました。古典文学のさまざまな作品を教員や大学院生が読んできて、皆でその思うところを話し合うという、まさにひとつの典型的な読書会でした。この会では、伝統的に大学院修士課程の一年生が幹事をやることに決まっていて、私も修士課程一年生になったときに初めて出席しました。で、じつにつまらないと思いました。みな、なんの内的意欲も必然性もなしに、ただ惰性で面白くもない議論を低調にやり合っている。それは高級な暇つぶしかもしれないが、自分にとってはまったく意味がないと思い、当時学年代表であった私は、その代表という立場をもって、廃止を訴えることにしました。

もちろん、一番下っ端が廃止などと言い出したものだから非難の嵐です。それでも私は頑として譲らず、続けたいのなら、ほんとうにやりたい人だけが集まって、どうぞご自分たちでやってください、私はその世話役などやるのは御免だし、惰性でやっても時間の無駄だと主張し、結果的に廃止が決まりました。廃止論が通ったのは、それまで言い出さなかったものの、じつは意味がないと思っていた人も少なからずいたからなのでしょう。何事にもその本質をよく見極めて、無意味だと思ったら、やめる勇気をもつことは大切だと思っています。

ペナック先生の朗読のススメ

「課題図書」は意味がない、これは私の信念です。

もし子どもたちに読書することの面白さを伝えたいのならば、ひたすら朗読して聞かせればいい――こう言っているのは、ペナック先生、つまりフランス人小説家のダニエル・ペナックで、『ペナック先生の愉快な読書法――読者の権利10ヵ条』（浜名優美・木村宣子・浜名エレーヌ訳、藤原書店）の著者です。

私は先生の唱える「読者の権利10ヵ条」の熱烈な支持者であります。

ペナック先生はこう言っています。

教師が読み出すと、氷山は教師の手の中でみるみるうちに溶けていくのが見える！

時間はもはや時間ではなく、一分が一秒のように過ぎていき、そして一時間が過ぎたときには四〇ページ読み終わっている。

教師は時速四〇ページで朗読する。

ということは、十時間で四〇〇ページ。週にフランス語が五時間として、一学期で二、四〇〇ページ読めるのだ！　一学年で七、二〇〇ページになる！　一、〇〇〇ページの小説が七冊！　一週間にたった五時間朗読するだけで！

（48章）

読書と和解するための唯一の条件。それは読書と引き換えに何も求めないことである。まったく何も求めないことだ。本のまわりにどんな予備知識の城壁も築かない。いかなる質問もしない。どんな宿題も出さない。ページに書かれた言葉以外に一言も付け加えない。価値判断をしない、語彙《い》の解釈をしない、テクストの分析をしない、伝記的情報を求めない……「本の周辺のことをしゃべる」ことを絶対にしない。

読書は贈り物。

読む、そして待つ。

好奇心は押しつけられるものではなく、覚醒《かくせい》されるものだ。

（51章）

このようにペナック先生は、自身の実践にもとづいて言います。これはまさに至言だと思います。

朗読の際に大事なのは、まず、朗読者自身が書物に「面白い！」という感情をもっていること。あるいは、この本は心底すばらしいと感動していることです。

そのうえで、朗読が上手であることも重要です。聞き苦しい声でつっかえつっかえ読んだら、どんな名著でもつまらなく感じてしまうでしょう。

読書の楽しみとは、本に描かれた情景や登場人物の感情を、読み手が自分の心の中で再現し、ありありと実感できることだろうと思います。美しい声、適切な抑揚など、ある程度の演技（過度の演技でなく）も含めた優れた朗読によって、本の文字《もんじ》が聞き手の「心の中の現実」へと変換されていく（つまり想像力によって空間化される）としたら、それはすばらしい読書教育だと言えるでしょう。

私も以前、ラジオで朗読番組をやっていました。六年にわたり古今の有名無名、さまざまな作品を朗読したわけですが、思い出深いのが夏目漱石の『吾輩は猫である』です。このとき、収録スタッフたちは、ひたすら朗読を聴きながら笑い転げていました。そのくらい可笑しいのですが、しかし、どこかヒューマニティの根幹に訴えかけてくる、これが漱石文学の力なのだとあらためて感じ入りました。

その後、『夢十夜』の朗読のCDブックなどを出したこともあって、いまはあちこちの講演や講義で朗読をしていますが、とくにこの『夢十夜』などは、読むほどに言葉が立ち上がって情景が活き活きと見えてくる、そうして聞いている人たちの心が動くのが感じられます。

朗読を聞くのであれ、自分で手に取るのであれ、何かのきっかけで好きな本ができると、それが橋頭堡《きょうとうほ》となり、他の本へと興味が移っていく、そうやって一冊にとどまらず他の作品に自動的に派生していくのが読書の面白いところでもあります。

たとえば『平家物語』を読むと、典拠として『史記』や『和漢朗詠集』などが出てきたりしますから、ちょっと読んでみようか、というような思いも湧いてくるかもしれません。あるいは、『平家物語』の前段階を語る『保元物語』『平治物語』も興味の対象になる、さらには、平家から派生して義経の一代を語る『義経記』にも読書が及ぶかもしれません。

近現代の文学でも同様で、夏目漱石を知ると、そこを手がかりにイギリス文学へ行ってみたり、漱石に影響を与えたラファエル前派（一九世紀中頃にイギリスで生じた芸術家集団）やターナーなどイギリス美術の図録などを渉猟《しょうりょう》してみたりと、さらには、漱石の俳句から、子規へと読書が及ぶかもしれないし、漱石の伝記や、そのロンドン時代を考証する評伝書をも読み進めるようになるかもしれません。逆にまた、漱石と並び称せられる森鷗外への興味が掻き立てられることだって、あるでしょう。

そのように、読書は、一冊から派生し発展して、どんどんその世界が広がっていきます。こうして、自分にとって面白い、という知の体系が、少しずつ豊かになっていくのです。

このとき大事なのは試行錯誤を重ねることです。極言すれば、人間は試行錯誤でしか賢くなることはできないというところがあります。

だから、少しでも興味のある本には積極果敢にアタックしてみるのがいい、と私は思います。読んでつまらなかったら途中でやめればいいのです。ペナック先生の「読者の権利10ヵ条」の中にも「3ヵ条、最後まで読まない」という権利を認めています。それは考えてみれば当然のことなので、学校や教師や図書館などが、最後まで読みなさい、読んで感想文を書きなさい、などと強制するのは、この読者の権利を侵害する「よけいなこと」だと私は思います。

ただし、これは念を押しておきたいのですが、知識をタダで手に入れようとしてはいけません。本を買って読んでみたら、とんだつまらぬ本であった、損をした、と思うかもしれない。しかし、そういう損をすることもまた、貴重な経験です。

結局のところ、無償で手に入れたもの、借りて読み齧ったものなどは、自分の心の中深くに残らないのです。

そこで、あらためて言っておきたいことは、

●本は自分で買うべし。

●そして座右に置いておくべし。

という、この二点です。

今はたいへん便利な世の中になり、たいていの本は、簡単にネットで手に入るようになりました。書店に置いていない本でも、アマゾンでほとんどは探し出せるし、また古書サイトを利用すれば、日本全国の古書店の在庫を縦覧検索することができ、なおかつ、ちょいとクリックするだけで、たちどころに本が届く。私も大いに利用しています。だから、せっかくのこの便利なシステムを縦横に利用して、新本であれ古書であれ、せいぜい買って読むということを習慣づけてほしいものです。

古書店との付き合い方については、後ほど、第四章で詳しくお話しします。

本棚は脳味噌の延長である

私は、人の家にお邪魔する機会があると、つい、本棚を眺めてしまいます。

書棚に並んでいる本は、その人が歩んできた人生を如実に物語ります。いわばその人の脳味噌の延長線上にあるのです。むろん脳味噌の中を覗くことはできませんが、本棚は外から見ることができるから面白いのです。

だからぜひ、本棚を持つようにしてください。図書館で本を借りてばかりいると、あるいは読んだ端から捨てていると、本棚は必要ないけれど、それは貧弱な叡智を物語るように、私には思われます。電子本しか読まないという人も、稀にはあるかもしれませんが、それもやはり、この智の沁み込みかたからいうと、どうも力が弱いように思います。

あるいはまた、こんなことがある。

人の本棚を見せてもらって、自分はまったく知らなかったけれど興味深そうな本が並んでいると、その人への関心はぐっと高まります。反対に、奥ゆかしい印象を持っていた人の本棚に、実用書やベストセラーばかりが並んでいたら、少しがっかりするかもしれない。

とはいえ、それはそれで、その人への理解は深まることは確かです。

人の本棚から新しい知見を得ることも私はしばしばあります。気になった本を見つけたら、タイトルと著者名をさっとメモしておく。他人の本棚は新しい知見の宝庫です。もし知らない作者や、未知のタイトルの本であったら、その棚の持ち主に聞いてみるとよい。

「これはどういう人なの？」

「この本はどんなことが書いてあるの？」

そんなふうにして聞いて、だいたいの内容を把握できれば、さらに自分が興味を持てるかどうか、見当がつきます。

ここで大事なのは、本を借りないこと。

本の貸し借りはぜひやめたほうがいい、というのが私の持論です。自戒を込めて言いますが、借りた本はつい返しそびれてしまい、挙句《あげく》の果てに誰に借りたのかさえ忘れてしまうことがある。裏を返せば、貸した本は返ってきません。だから読みたい本は自分で買う、これが大原則です。

自分の本棚は、自分自身にとっても大切です。本棚があることによって、自分が今まで何を読み、何を考えてきたのか、そしてこれからどこへ行こうとしているのかを客観的に振り返ることができるわけですから。

第一章に書いたように、私は研究で多忙を極めていた二、三〇代のころ、大藪春彦を愛読していました。あのハードボイルドで、ハチャメチャで、人間臭い物語が、当時の私にとっての唯一の癒しであり慰めであった。『野獣死すべし』をはじめ、すべての作品を持っていたのですが、あるとき、場所を取るからもういいだろうと、あるところにすべて寄付してしまいました。ところが、その直後に、大藪春彦について書いて欲しいと、仕事の依頼が到来しました。ああ、しまった、やっぱり手もとに置いておくべきであったと後悔しましたが、後の祭り。それで結局また何十冊も文庫本で買い直しました。

そのとき、つくづく悟ったのです。やはり自分にとって意味のある本は捨ててはいけないのだと。

買い直した大藪春彦作品は、いまも本棚に並んでいます。そうして、それを見るたびに思い出します。歯を食いしばって机に向かっていた苦しい時代があったこと、そしてそのときに大藪春彦に助けてもらったことを。

だから「書棚は人生史である」と私は言っています。

書棚には人生が凝縮している。人は、失恋したときや仕事で失敗したとき、反対に大きな成功を摑んだときなど、往々にして何かの本を手に取るものです。あるいは、そういうときに読んだ本は深く心に残ることが多い。このゆえに、折に触れて本棚を見直すことは、自分を見つめ直す良い契機ともなるのです。

第四章　古書ことはじめ

古書通信販売サイト　利用ベスト3

本を手に入れるには、いくつかの方法があります。

1　新刊書の書店で買う
2　古書店で買う
3　ネットで検索して買う

どう買ってもよろしいのですが、この章では、特に古書店で本を買うということ、すなわち、古書店との付き合い方について、少しばかり書いておきましょう。

日本の新刊書店は、ご存じのとおり出版社からの委託販売を行っていて、自分たちの見識で仕入れた本を店頭に並べているわけではありません。出版社と書店の間には、取次会社という、まあ卸元のような寡占《かせん》的企業があって、その取次会社が、どの書店にどの本を委託するかをほぼ一方的に決めています。そうして、今月の新刊というような形で、セットにして新刊書店に配送してくるわけです。

が、書店はそれをお金を出して仕入れるわけではないのです。ただ、一時的に店頭の空間を貸して、そこに本を置いておき、売れた分に応じて一定の利潤を取る、そんな方式になっています。

これは八百屋さんや肉屋さんが、商品を買って仕入れて、もし売れ残れば小売店の損失となるという、通常の商習慣とはまったく違ったスタイルなのです。

こうして、配送されてきた新刊書は、店頭に並べられて一定期間売れなければ、返品という形で出版社に戻されます。

ところが、店頭の面積は限られていますから、できるだけ「売れそうな本」だけが店頭に並ぶのが取次にとっても書店にとっても利益になるので、売れることが期待されない高級な学術書とか、値段の高い少部数出版の本などは、この配送セットには入れてもらえません。すると、この方式では、結局、ベストセラーになるような本や、雑誌、ムック本、漫画、などさっさと売れることが期待されるものばかりが店頭に並ぶことになり、たまにしか売れない古典などは、本屋の店頭には置かれなくなります。

かつては、街の本屋にはひと癖ある親父がいて、渋い本を頑張ってずっと置いていたりしたものです。いまやそうした本屋は商売が成り立たなくなり、新宿の紀伊國屋書店とか、神田神保町の三省堂書店、東京堂書店など、よほど売り場面積の大きな一流の書店でもない限り、本屋で思いがけない本に遭遇する喜びは、ほとんど失われてしまいました。

書店に置いていないような本を求めるときは、アマゾンなどを使って、さっさとネットで取り寄せるのが便利です。書店に取り寄せの注文を入れても、何週間も待たされたり、または在庫は充分にあるのに「絶版」などといって配本されてこないというようなことも珍しくありません。

また、すでに新刊書としては販売されていない書物については、古書店を利用するしか手だてはありません。そこで、古書店巡りなどして探し求めるのも一興ではありますが、それも、今はインターネットを通じて注文できる販売サイトがたいへん充実していますから、私も大いに利用させてもらっています。

私が常時検索している古書の通信販売サイトは、利用頻度順に

「日本の古本屋」(https://www.kosho.or.jp/)
「スーパー源氏」(https://sgenji.jp/)
「ＢＯＯＫ ＴＯＷＮじんぼう」(http://jimbou.info/)

です。この三つに欲しい本がない場合はアマゾンの「古本・古書」を検索します。

これらをひととおり見れば、よほど稀《き》覯《こう》のもの以外、ほとんどの本は手に入ると言っても過言ではありません。

「日本の古本屋」のよい点は、全国古書籍商組合連合会傘下の古書店が九〇〇店以上とい

う参加店の多さと、簡単にクレジットカード決済ができる点です。

また、アマゾンと違って、古書店と直接やりとりができるのも嬉しい。

インターネット上の売買であっても、向こうも誰に売ったかがわかり、こちらもどの書店から買ったかがわかっている。だから、その古書店のホームページを開いて目録を眺めたりもできるし、一度取引をした古書店からは、折々に最新の古書目録が送られてきたりもして、書店と顧客という形でのつきあいが続くのです。

したがって、もし当面必要な本が決まっているのなら、ネットで検索して、日本全国どこの古書店からでも取り寄せるのがもっとも便利です。

しかし、古書店との出会い方には別の形もあります。

実際に、東京なら神田、本郷、早稲田などに多く集まっている古書店の店頭に足を運んで、自分の知らない本を発掘していくやり方です。

「書縁」を結ぶ古書店と、中古本屋

そこで私は、東京・神田神保町や早稲田などの古書店街と近いところに用事があるときは、なんとか時間を拵《こしら》えて二時間くらい前には到着し、一軒一軒、古書店を眺めて歩くのを楽しみにしています。

別に何かを探しているのではなく、ただ「何か面白そうな本はないかなあ」と、棚から棚へと眺めていると、毎回何冊か「おお、こんな本があったのか！」と驚かされる本に出会います。古書店巡りは、インターネットの目録検索とは違って、実物を手に取って見る、少し読んでみるという「お試し」ができることで、また装訂とか版組デザインとか、料紙とか、本のオブジェクトとしての姿に接することができるというのが、大きな大きなメリットです。で、興味を惹かれた本を買って帰って読んでみると、だいたい面白い。

本とのこうした偶然の邂逅《かいこう》は、インターネットでは望むべくもありませんが、古書店店頭でならば起こり得る。人との縁ならぬ、書物との縁。インターネットがどれだけ発達しようと、古書店でしか結べない予測不可能な、あるいは一期一会的な〝書縁〟があるのだと実感します。

しかるに現実は、私の学生時代と比べると古書店の数はずいぶん減ってしまいました。たとえば早稲田界隈《かいわい》の古書店街もそうです。

私が学生の頃、三大古書店街といえば、東京の神田、早稲田、本郷でした。神田はいまも頑張っていますが、私が通《かよ》った早稲田、本郷の古書店はだいぶ店数が減りました。

古書店は、新刊書店と違って、店が自分で「仕入れた本」を売っています。店の主人の見識でもって売りたい本を買って仕入れ、店頭に置く。とはいえ、いつ売れるかわかりませんから、場所代や時間代をのせて、たとえば仕入れ値が一〇〇円の本を一〇〇〇円で売るとかいうようなビジネスモデルです。これが伝統的な古書店の商売でした。

ところが近年、ブックオフなどの新しい中古本屋が、まったく違うモデルのビジネスを始めました。すなわち、安さだけを追求したのです。一〇円で仕入れて一〇〇円で売るという商売。見識などあったものではありませんが、効率がいいことは間違いない。

こうしたビジネスが普及すると、古本は安くて当然という認識が広がっていきます。それで一般的には、ともかく安い本を探して買うというユーザーが増えてきたように思います。それでも、中古本屋はまだましなほうです。

ネット上では、私の本なども、「一円」などという、泣きたくなるような価格で投げ売りされています。古書店店頭ならば、いくら安くても、一冊一〇〇円くらいの値はつくのですが、ネットではタダ同様の捨て値で売買される。これは残念ながら、日本の文化の衰退局面のひとつだと感じます。

しかしまた、ブックオフなどの中古本屋にも、それなりの面白さがあります。これらの店の店員はたいていアルバイトで、本の中身についての見識は本来ありません。そこで、内容を検分することなく、いわば一山いくらというような安価で買い取ります。そしてまたそれを一定の利潤を乗せて安い値段で棚に並べる。

こういうビジネスモデルのなかでは、時に、ほんとうに珍しい稀覯本などが、法外に安い値段で出ていることがあって、私どもにとっては、折々チェックしていると、思いがけぬ掘り出しものに遭遇することもある、ここが面白いところです。

いずれにしても、いま衰退しつつある古書店を滅ぼすようなことがあってはなりません。古書店という流通メディアを通じて、書店と書物と顧客が縁を結び、その縁によって本が適切な人に適切な値段で渡っていく、こういう「書縁」が失われれば、我々の人生もその分だけ、豊かさが失われるのだと言っても過言ではありません。

だからこそ、古書店が滅びないよう、我々は古書文化を守らなければいけないと思います。そのためには、積極的に古書店に足を運び、古書店と付き合う楽しみを知ってほしいと願っています。

とはいえ、人によっては、古書店には気難しい店主がいるのではないか、そうとうな読書家でないと足を踏み入れてはいけない場所なのではないか、などと、入りづらさを感じている方もいるかもしれません。でも決してそんなことはありません。まずは気楽に覗いてみるのがいちばん。買わなくても、眺めるだけでもいい。眺めているだけの客だって、大事な顧客です。もしかしたら、きょうはお金を持ってないので、ただ探して「近日中にお金を持って買いに来よう」と思っている人かもしれないのですから。

そこで、古書店との具体的な付き合い方について、次にお話ししましょう。

値切ってはいけない

古書店の多くはそれぞれ専門分野をもっています。専門分野については、店主は非常によく勉強していることが多いものです。ですから、わからないことは、知ったかぶりせずに、虚心に聞くのがよいのです。

もし仮に高いなあと思ったら、

「どうしてこの本はこんなに高いんですか？」

と聞いてみたらいい。すると、

「これはもと有名な学者の何某《なにがし》氏が持っていた本だから」

とか、

「この本の初版はほんとうに少ないものですから」とか、わかる範囲で教えてくれるはずです。それは新しい知見を得たことになるので、知ったかぶりをするのがいちばんよろしくありません。

そして値切るなんてのは、もってのほかです。

古書店のほうでは、正当に古書の価値を勘案して、仕入れ値と相場を考えて、いくらいくらと値付けをして店頭に出します。それは本屋さんの「見識」なのです。それを値切ったりするのは、本屋さんの見識を疑うという行為ですから、たいへん失礼な話で、もし「あの値段はたしかに高すぎる」と思ったら、買わなければいいのです。高くても珍しいから買っておこうと思うなら、黙って言い値で買う。これが古書をめぐる購買倫理というものです。

買うときだけでなく、売るときも同じです。

たとえば一冊の本を古書店に売りにいったとします。いくらで買ってくれますかと聞くと一〇〇〇円だと言われた。安いなと思って別の古書店に持っていったら八〇〇円だと言われた。それならと最初の古書店に戻って、やっぱり買ってくださいと言っても、もう買ってはくれないでしょう。値段を比較するような行為は古書店に失礼です。だから一〇〇

○円と言われたら、たとえ安いと思っても、
「けっこうです、ありがとうございます」

と言って、きれいに手放すべきです。

古書との出会いは、売るのも買うのも、一期一会と心得るべきだと私は考えます。

関東と関西では若干習慣の違いがあるかもしれませんが、いずれにしろ、書物のやりとりはすなわち文化のやりとりですから、値切ってはいけません。

売るときも買うときも言い値ですっきりと、というのが基本です。

いってみれば古書店とのつきあいは、本対人間とのつきあいというよりはむしろ、人間対人間のつきあいです。それも継続的なつきあいができることが望ましい。

また、そういうつきあいが出来ると、値がさの稀覯本などは、その馴染みの古書店を通じて、しかるべき古書入札会などに出して売ってもらうことも出来ます。

身の丈に合ったコレクションを

古書店のなかには、古書目録を定期的に出している店があります。私は目録が届くと丹念に見て、必ずすぐに何点か注文します。

当面必要なくても、たいてい一、二冊は買うのです。そうすることによって、この人は必ず買ってくれるお客さんだと認識され、新しい目録が出るとまた送ってくれるものです。

相手も人間ですから、そういう心の通ったやりとりが大切です。

ちなみに、目録は愛読書のひとつでもあります。

すでに亡くなりましたが、反町茂雄《そりまちしげお》さんが営んでいた店舗を持たない古書店「弘文荘《こうぶんそう》」の販売図録は、文化財級の貴重古典籍を数多く掲載したすばらしい図録でした。

反町さんは、日本各地に出向いては、名家の御蔵などに死蔵されていた古書を発掘して、自らの見識で内容を精査し、値付けをし、世に出していました。以て、紙屑《かみくず》同様になっていた古書の価値を正当に評価して、たとえば二〇〇〇万円で売る。これをボロ儲《もう》けと捉えるむきもあるかもしれませんが、反町さんの見識があったからこそ、ネズミの餌食になる前に貴重な文化財として蘇ったのだと言わなくてはなりません。

今だと、「青裳堂《せいしょうどう》書店」という小さな古書店の目録が、文献的に非常に価値のあるものだと思います。さまざまの分野の古書を丹念に収集し、発掘し、研究してその価値を評価し、正当な値付けをして目録販売をする。そういう営業形態の書店ですが、この店の販売図録は、いつもたいへんに丹念な仕事ぶりで、眺めているだけで楽しいものです。また勉強にもなります。

目録というのはいわば一種の図録ですが、美術館のそれと違って古書店の場合は、載っているものが買える、これはすばらしいことです。

お金を投じる気があれば手に入れることができる。

こんなありがたいことはありません。

ただし、古書の購入においては、身の丈に合ったコレクションを、というのが私の流儀です。いくら欲しいからといっても、分不相応な散財はしません。

あくまでも、自分として無理なく使える可処分所得の範囲で買えるものを、地道にこつこつ集めていく、決して背伸びをしない、生活を圧迫するような買い物をしない、そのなかでの思いがけない出会いや縁を大切にしています。

「初版本主義」のコレクターは少なくありませんが、私にはそうしたこだわりはありません。あれは、どうしても初版本を手もとに置きたいという一種の道楽です。初版本には希少性がありますが、功罪もあって、罪のひとつは誤植が多いことです。

現在もそうですが何か間違いがあった場合、二刷り、三刷りと刷りを重ねるタイミングで修正しますから、だんだん正確になっていくわけです。ですから、趣味的なことを除外して考えるなら、私は初版本にそれほどこだわる必要はないと思います。むしろ何度か刷りを重ねて誤植の訂正された本のほうが、テキストとしての信頼性があるのです。

ただし、このことは近代以降の書物に限った事情です。

江戸時代は、木版で和紙に刷るというのが書物の形でした。そうして版木に文字を彫ってバレンで墨刷りをする、そういう印刷法を「整版印刷」と言います。この場合、刷りを重ねていくにしたがって、版木が次第にすり減っていきます。したがって、後の刷りになるほど、本の内容も不正確になっていったというのが、ほんとうのところでした。

しかも、版の摩滅《まめつ》がひどい場合や、一部版木が失われてしまったというような場合は、版木を彫り直すこともありました。こういう再刻の本の場合、テキストの質は格段に落ちるというのが、ごく当たり前の現実でありました。

こういう意味で、江戸時代の木版本については、初版初刷《しょずり》本がもっともテキストとして質が高いということが、一般論として言えるのです。この点、近代以降の「趣味の初版本」ということとは一線を画して考える必要があります。

書物の形について

書物の形、これを「書姿《しょし》」という表現で言うこともありますが、じつは、その書物の形というものは非常に重要な要素です。

美しい本、お気に入りのデザインの本を書斎に備えておくだけで、なにかこう気持ちが良いものです。この意味で、書姿の力を侮ってはいけません。

同じ内容であっても、オンデマンドの略装本のような、味も素っ気もない書姿の本では、愛着が湧かないということがあります。日本人は特に書物の美しさに強いこだわりを持った民族なのです。

そこで、江戸時代初期に出版された書物で、刷りも保存の状態も良く、いわば丁重に保存されてきたような本には、独特の風韻というか、気品が具《そな》わっていて、それ自体が大きな価値となっています。しかしまた、よく読まれて、多くの書き込みが加わり、あるいは相当に草臥《くたび》れてしまった本にも、それはまたそれで、独特の「時代の味」というものがあります。

現前《げんぜん》するある書物に、いろいろな旧蔵者の印記やら署名やらがあったりすると、その本が生まれてきてから現代に至るまで、どんな人が、どれほどの思いを以て、この本を大切に所持してきたのか、それでどのように勉強をしてきたのかと、まことに昔床《むかしゆか》しい気持ちになります。

私の書室には、賀茂真淵《かものまぶち》や上田秋成《うえだあきなり》自筆の本もあり、また勝海舟《かつかいしゆう》が持っていた本や、橘守部《たちばなもりべ》という国学者の所蔵していた美しい本もあります。

そういう意味で、古書はひとつひとつ伝来の経緯が違い、旧蔵者の思いが宿ってもいますから、みなユニークです。だから、私は敢えて重複を恐れずに古書を買うことが珍しくありません。

重複所蔵を恐れるな

ふつうは一点の書物について一冊あればよしとするのが常識ですが、場合によっては敢えて重複所蔵することも躊躇《ためら》ってはなりません。

重複所蔵といっても、そこにはいくつかの意味があります。

1　意味のある重複所蔵

イ、重複する同書の比較

江戸時代以前の整版本については、初版初刷のときの版木がそのまま何度も何度も刷られて後世まで販売が継続されることがあります。

この場合、同じタイトルであっても、紙が違うとか、装訂が違うとか、自分がいま持っているものと状態の違う本に出会うことがよくあります。そうして、しばしばその書姿の違いは、当該の本の刷りの違いであったり、あるいは版木の違いであったりします。

江戸時代の整版本については、なんといっても初版初刷のものがもっとも美しく、またテキストの正確性も高い。それが後の刷りになるほど、版面が傷んできて汚くなり、また版木の欠落などによって正確さも失われていきます。さらには、もしよく売れる本であれば、著作権という考えのなかった時代、簡単に海賊版が作られたものでした。この海賊版は、元版のページをそのまま版木に貼り付けて再刻してしまうので、みたところは同じに見えますが、テキスト的にはいい加減に彫られていることが少なくありません。

そこで、一冊持っているから買わない、という態度だと、どれがほんとうの初版初刷で、どれが後刷《のちず》りなのか、あるいは再刻本なのか、海賊版なのか、などのことはなかなか明らかにすることができません。どの本によって読むのが正確にその本を認識できるのか、という問題がそこにあるのですから、重複を恐れずに買って、比較して調べるということが大切な手順となるわけです。

こんなふうにして、重複を恐れずに何十年も買い続けたものに、『古文真宝《こぶんしんぽう》』という漢詩文のアンソロジーがあります。私はこの本を約四五〇点ほど集めましたが、その結果『古文真宝』が、どのように広く江戸時代の人たちに愛好されたかを知ることができ、またどの本に拠るのがテキストとして良いかという見当をつけることもできたのでした。

洋書でも、何度も版を重ねる名著というもの……その代表的なものは『聖書』ですが……ともなると、いったいどのエディションの本であるかが重要な価値となっています。そこで、古い本を買う場合には、敢えて重複を恐れずに買い集めてみると、エディションごとの違いなどが分かってきて、初めて研究が緒《ちょ》に就くということもあります。

この本は、もう持ってるからいいや、とはならないのが、書物とくに古書の世界の面白いところです。

ロ、大切に保管するための重複

「本の最大の敵は人間である」という箴言《しんげん》があります。

すなわち、本は何度も読まれていくうちに、手垢《てあか》がつき、表紙が汚れ、製本が壊れなどして次第に劣化していきます。だから、もともと人間が読むために作られたのが本ではありますが、その人間が読むことによって破壊する、というパラドキシカルな現実があります。

そこで、ほんとうに愛蔵する書物については、最初から二冊買って、一冊は保管用保存用として「読まずに」大事にしまっておき、一冊を読書用に読み込む、というふうに用途を分けて保存するということがあります。

これも意味のある重複所蔵で、図書館なども、これはという書物については、そんなふうに保管用と閲覧用と分けて重複所蔵するのがよいと思います。

ハ、あちこちに置いておく

書物というものは、内容と外形と二つの側面があります。

たとえば、私の愛読書の一つに福沢諭吉の『福翁自伝《ふくおう》』があります。これを『福沢諭吉全集』で読むのか、それとも岩波文庫のそれで読むのか、それによってちょっと気分が違うものです。

仮に岩波文庫で読むとしても、それをどこに置いておくかが問題です。

一つのやりかたは、岩波文庫なら岩波文庫だけを一カ所に集めて配架しておく。そうして、その岩波文庫の棚に一冊の『福翁自伝』を置く。

もう一つは、福沢諭吉関係の著作だけを一カ所に集めて配架しておくという方法もあります。ここには、福沢全集もあれば、選集もある、あるいは文庫もある、古書としての『福翁自伝』も、みな一カ所にまとめておくという方法も便利です。

そうなると、岩波文庫の『福翁自伝』を敢えて二冊買って、そのどちらにも配架しておけば、なにかのときに非常に調べやすく探しやすいということになる。

そんなふうにして、敢えて重複所蔵することが便利だということもあるわけです。

書物にはつねにこういういろいろな側面があるもので、一律の基準では分類しきれないものなのです。

二、韋編三絶《いへんさんぜつ》ということ

あるいはまた、繰り返し繰り返し読んで、本が傷んでしまったために買い直し、結果として重複所蔵となったというケースもあります。

私蔵の本で実例を挙げると、穎原退蔵《えばらたいぞう》博士の『俳句評釈』や、鈴木棠三《とうぞう》校注『犬つくば

重複して持っている本にもさまざまな意味がある。

集』（いずれも角川文庫）がそういう例です。

繰り返し読んでは付箋を貼ったりしているうちに、とうとう表紙が取れてしまい、応急処置をしたものの、これ以上壊れては困ると思い、ネットの古書店で検索してもう一冊予備を買っておきました。

そんなふうに、必要に駆られて、敢えて重複所蔵することもあるわけです。

二冊目が届いてからは、十分に働いてくれた一冊目は引退させて書庫に保管し、もっぱら二冊目を手に取るようにしています。このボロボロになって表紙の取れてしまった一冊目は、私がそこまで一生懸命読んだということで、本もさぞ本望であったろうと思っています。

かくて、読んだ結果汚くなったからといって、私は決して捨てることはしません。それは私の生涯の伴侶のようなもので、あちこちの書き入れや付箋にも、みな大きな意味があるのです。

2　結果的重複

イ、単純に所在不明で再度買う場合

書物も増えてくると、なかなかどこに置いたか探すのに苦労するようになります。ましてや、なにかの都合で書架から取り出して持ち歩いたりした場合に、ふとどこかに置いたきり失念してしまうことが少なくありません。

こうした場合、にわかにその本が必要になったけれど、さあ、どこにあるか分からないということが出てきます。

こんなときは、額に汗して何日も探し回るのは、時間と手間の損失です。ええい、ままよと、すでに持っていることを承知で、重複して買う、なんてことが私の場合には何度もありました。それで、ネットで取り寄せた本が、届いたその日に、ふとまた元の本も発見された、なんてことになりがちなものです。

こうして結果的に重複所蔵することになった本が何点もありますが、それはそれで、一冊は書庫、一冊は書斎とかいうふうに分けて配架しておけば、以後は便利に使えるということになって、メリットがあります。

ロ、全集買いと個別買い

たとえば、私の書斎には、小学館の「完訳　日本の古典」という全集のなかの『謡曲集一　三道』『謡曲集二　風姿花伝』という二冊が二部重複で置いてあります。そのほかにも、岩波書店の「日本古典文学大系」のなかの何点かは重複所蔵しています。

これは、もともとその二冊だけを買って使っているうちに、古書店に安く全集全揃《ぜんぞろ》いが出た、というようなことがあって、それならいっそ全部揃えようと思って全揃いを買ったというような事情によるものです。結果的にもともと個別に買って持っていた分は重複所蔵になってしまいますが、それはそれで、予備として取っておけばよろしいのです。なにしろ人間は本の敵ですから、いつなんどき本を壊してしまうかもしれないのですから。

というようなわけで、インターネットを使うにせよ、あるいは古書店の店頭や目録で探すにせよ、いまは比較的簡単に、場合によっては頗《すこぶ》る安価に古書を手に入れることができます。ですから重複を恐れずに本を買い、縦横に読書を楽しんでいただきたいものです。

古書店と鮨屋《すしや》は顔を覚えてもらってからが楽しい

古書店の店舗にまめに通っていると、顔を覚えてもらえるというメリットも生じます。

「古書店と鮨屋は顔を覚えてもらってからが楽しい」と、常々私は思っています。

顔を覚えてもらって、鮨屋で、馴染みの客になったら、

「今日は珍しいネタが入ってますよ」

と、まだ出していないネタを出してくれるかもしれません。そうなれば、安心して楽しく食事をすることもできるし、主人との会話も弾んで、食事の一時をまた楽しく過ごすことができるというものです。

古書店も同じようなところがあります。

それについて、忘れられぬ思い出があります。

『薩摩スチューデント、西へ』（光文社）という時代小説を書くための資料を、ロンドンで収集していたとき、東洋関係の書物を専門とする古書店に足繁く通いました。店主はユダ

ヤ人で、このオヤジがとても話し好きな人でした。急いでいるときは別ですが、そうでなければ、談論風発、あれこれとお喋《しゃべ》りをしたあげくに、毎回、必ず何か買って帰ることにしていました。いや、とくに高い本を買うわけではありません。ちょっと面白そうだなと思うものを、さりげなく買って帰る。こうして、顔見知りになり、どこか気心の通じてきた時分に、たとえば、

「アデン（イエメン）の昔の風景などが分る資料は持っていませんか？」

と聞いてみました。小説の中で、一行《いっこう》の寄港地アデンの描写をする必要があったのです。もちろんそういうのは、店頭には出ていません。

すると、

「裏のほうにあるから、ちょっと待ってくださいよ」

店主は、奥のほうへ入っていって、ほどなく、ニコニコしながら出てきました。

「こんなものは、いかがでしょうか」

と、そう言って手渡してくれたのは、一九〇〇年くらいのアデンの銀塩《ぎんえん》写真の焼き付け印画二枚。印刷ではなく生《なま》の焼き付け写真でした。一枚二五ポンドかそこらだったと記憶しています。なるほど、貴重な物は、こういうふうにして出てくるんだなあと、ちょっと

した感動を覚えたことを思い出します。

店主だって人間です。むろん、本を愛する人間です。この人なら大切にしてくれるな、この人なら役立ててくれるな、と思う相手にこそ、自分の「取って置きの商品」を売りたいと思うのではありませんか。

いや、金にあかせてたくさん買ってくれる客も大事でしょう。しかし同時に、ほんとうに大切な本を愛してくれる人に売れたら、利益とは関係なく嬉しいという気持ちもまた、人情の自然だと思います。

そういう書物が結ぶ書店主と客という形の縁は、神田でも、本郷でも、あるいはケンブリッジでもありました。そして、そのどこでも、かけがえのない貴重な書物を、その縁の力で求めることができた、このことは、私は人生の宝だと思っています。

古書店であれ鮨屋であれ、「この店は自分には合わないな」と思ったら、もう行かなければいい。選択の自由はこちらにあります。

しかしそうでなければ、書物を仲立ちとする縁を大切にして、馴染みの古書店といつも親しくしているのが良いと思います。それによって、きっとさまざま有益な書縁を得ることができ、結果的に楽しい生活ができることと思います。

ローカル出版の密かな楽しみ

地方に出かけたときも、時間があればできるだけ地元の古書店に立ち寄るようにしています。地方の古書店で手に入れたいものは、いわゆる「地方出版」と呼ばれるローカルな出版物。内容的には、その土地土地の地誌や歴史の研究書や民話集、それから地方の俳句短歌の結社が出した歌集・句集などです。

あるいは方言で書かれた詩集や歌集なんてものもあります。これがまた、じつに面白い。中央の古書店では探しえない、そういう独特の本を求めて歩くのがまた、地方のブックハンティングの醍醐味です。

しかるに、ローカル本というものは、当該の地方以外ではあまり注目されることもなく、また手に入れる機会もほとんどありません。けれども、地方の古書店には、そうした光の当たっていない本がひっそりと買い手を待っています。

これがまた、面白いのなんのって！

文部省の政策とテレビの普及によって失われていった方言の味わい、すなわち日本語の多様性を示す方言詩集には、ほんとうに心揺さぶられます。明治政府は近代化の一環として共通語の生成普及と方言の撲滅を推し進めましたが、それに対抗して地方の言語的アイデンティティを死守しようという運動が地方にはあったのです。かくして、津軽弁、あるいは弘前弁などで書かれた詩を、青森の古書店から買い、愛読しています。たとえば、昭和四六年に津軽書房新書の一冊として刊行された『津軽の詩』にはこんな詩が出ています。

高《たか》木《ぎ》恭造《きようぞう》という人の詩集『まるめろ——亡き妻ふじ子へ——』から。

苗代《ナシロ》の稲妻《イナビカリ》

蛙《ゲロ》ア啼いで苗代《ナシロ》サ稲妻《イナビカリ》ア光《シカ》て来たンども
彼女《アレ》ア未《マン》だ出はて来《キ》ねネ
終々《シメシメ》ネ雨ア降て来て俺《ワ》ジョウジョどなてまたンども
此処《コツ》から何時迄《イツマンデ》も動《エゴ》ぎたぐねデア
段々《ダンダ》と雨ア強《ツオ》ぐなて来たハデ
蛙《ゲロ》も啼がなぐなてまたし
夜ア更けで来たどメデ

彼女《アレ》の家《エ》の灯コ《アガシ》も消《ケ》でまたデア

こういう方言詩集を読んだからとて、もちろんなんの役にも立つものではない。けれども、たまたま出会った津軽の詩の世界に遊んだときの、なんともいえない懐かしさは、共通語の詩とはまた違った味わいで、こんなこともまた地方の古書店とのご縁のたまものだから、なかなかばかにはできません。

古書の世界を逍遥《しょうよう》すると

さて、日本の出版の歴史を遡ると、いわゆる「出版業」というものが商業的に成立するのは、寛永時代（一六二四〜一六四四年）あたりで、このことのためには「古活字版《こかつじばん》」と呼ばれる印刷技術の確立が大きな働きをしました。

古活字版は、一般には江戸時代の初期に木の活字で印刷された一群の古書を指します。もともと文禄・慶長の役《えき》（一五九二〜一五九八年）、すなわち豊臣秀吉の朝鮮出兵に際して、古くから朝鮮半島で行われていた銅活字による印刷の技法が、活字セットなどの略奪という形で齎《もたら》され、文人天皇であった後陽成《ごようぜい》天皇に献上されたことを契機として、宮中でその銅活字印刷が試行され、次いで、それを模して作った木活字印刷が始まったことがひとつ。それからまた、イエズス会のキリスト教布教の手段として、マカオからグーテンベルク式の西洋活版印刷機が、ほぼ同時代に移入され、加津佐《かづさ》と天草のコレジオ（宣教師学校）で、いわゆる「キリシタン版」として印刷刊行されたことがひとつ。この東西二種の活字印刷が同時に齎《もたら》されたことによって、慶長時代（一五九六～一六一五年）以降、それらの技術をもとに、日本で独自に工夫された木活字の印刷が、しきりと行われるようになり、それが寛永時代にかけて、印刷出版のブームを巻き起こしたのでありました。

しかし、この古活字版の盛行は、読書人の数を増やし、刊本で読書をするという生活が普通になっていくにつれて、その後次第に衰え、天平時代（七二九～七四九年）以来日本で独自に発達を遂げていた整版印刷に回帰していきます。

それはどうしてかというと、この古活字版というものは、三～四版ほどの「植字《しょくじ》版《ばん》」と呼ばれる皿のようなものの上に、第一丁から第三丁までを、木の活字を組んで印刷し、そのあとこの版を崩して、次の第四丁から第六丁までを印刷する、というようにして行われていました。

すると、あらかじめ一〇〇〇部とか二〇〇〇部とか部数を決めて印刷しなければなりません。

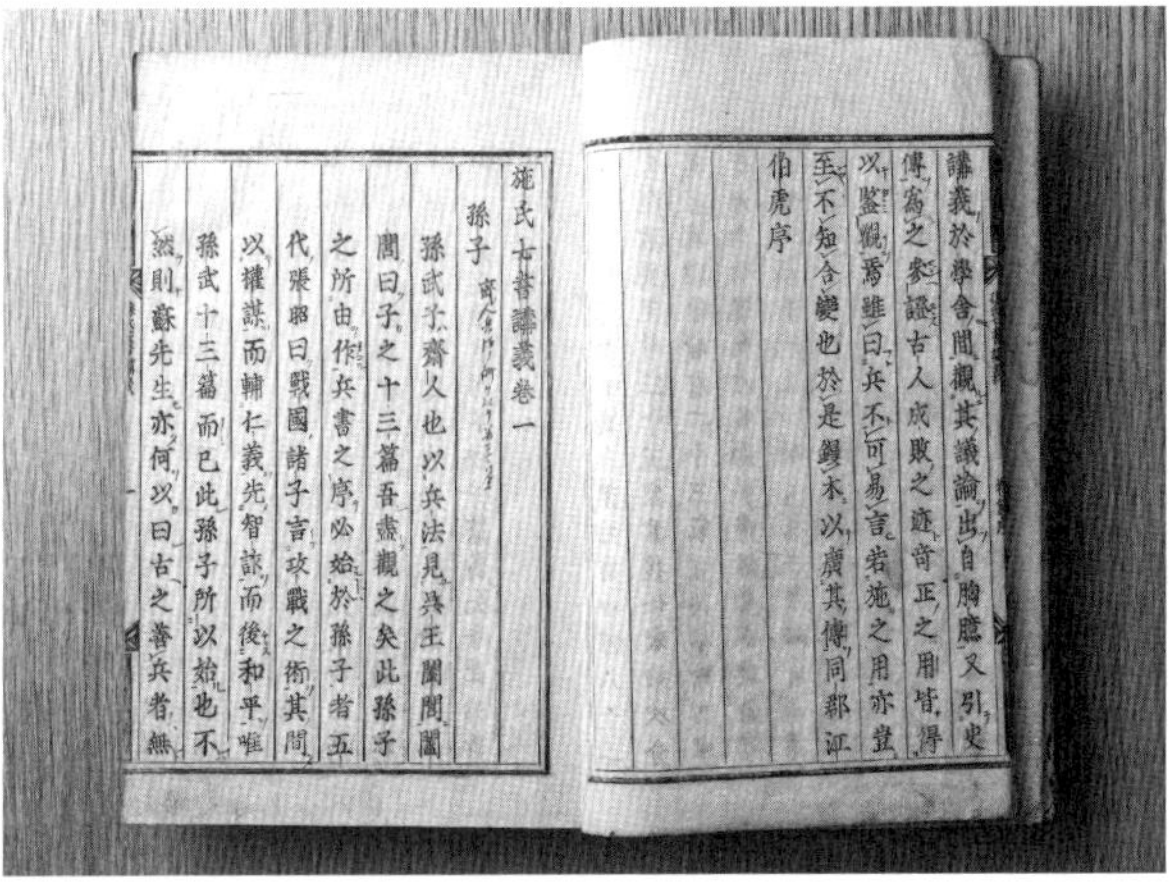

元和頃刊、古活字版『施氏七書講義』のうち『孫子』。

そうしてその刷った部数を売り切ってしまうと、また最初から版組みのやり直しとなり、いわゆる大量生産の効果がはじめから期待されないシステムだったのです。

そのため、読書人の数が増えて、三度も四度も刷り増すということを想定し得るならば、最初から一枚の版木に字を彫って、一〇〇丁

古活字印刷の特徴である匡郭の角の切れ目。

なら一〇〇枚の版木に彫るということにすれば、版木は残りますから、いくらでも増刷ができ、よって以て大量生産大量販売の道が開かれるということになったのです。このため、古活字版は、読者数を増やしたことによって、自らの首を絞めてしまう結果となりました。

ここでひとつ、古活字本をお目にかけましょう。

まず、一〇九頁の写真は、江戸時代の初期、元和《げんな》(一六一五～一六二四年)頃に出版された、兵法書の『孫子《そんし》』の注釈書です。これが、今から約四〇〇年前の本です。ちょっと見ただけではわからないと思いますが、これは木の活字で刷られています。

文字の周りにある枠のことを匡郭《きょうかく》といいますが、この匡郭の角のところに、うっすら切れ目が見えている。これが古活字印刷のひとつの特色です。

つまり匡郭も罫線も一本の活字になっており、それを組み合わせてひとつの版面を作るために、合わせ目に切れ目ができることが避けられないのです。

しかも、木活字には微妙な厚さの違いがあるので、いくらか字のデコボコや濃淡が出るのが避けられません。このやや不揃いな濃淡の印面《いんめん》も、いわば古活字版の味わいになっていると、私は思っています。私の書室に保管している古活字版のなかでも、この本は特に美しいものです。

近世木活字版の一つ『元治夢物語』幕末の史書。

こうした貴重な本も、古書店の店頭で、ふと見出して買い求めたものの一つです。

さて、古活字本を出していたのは、主に京都の零細な職人たちの工房であったと推定されますが、これらが、上記のようなプロセスを経て淘汰され、次第に大きな営利企業となっていくのは、江戸前期以降です。

そうして、本を出す版元は江戸中期くらいまでは京都と江戸、大坂、それにせいぜい名古屋辺りに限られていましたが、江戸後期から幕末頃になると、新たに木活字を作って、少部数の非営利的出版が起こってきます。もともと少部数の印刷でよいならば、なにも版木に彫って残す必要もないもので、私的に活字セットを購入して、プライベートプレスの形で印刷出版が行

ボール表紙本の書姿。右が『まんだらぞうし　化気の種』。

われるようにもなりました。

これを近世木活字版と申しますが、こういう木活字技術によって、どこでも誰でも簡単に本が出せるようになったことで、幕末以降、地方出版が急激に増えました。

その中心は、秘密出版物、地方出版物、自費出版物といったところです。

ボール表紙本との出会い

今、私が特に注意して収集しているのがボール表紙本（ボール紙を芯にした表紙の本で、多く明治二〇年前後に刊行された、主に活版本。まれに銅版印刷のものを交える）と呼ばれる明治出版物です。

あるとき、さる古書店の店頭でたまたまボ

ール表紙本の通俗政談本を見つけ面白いなと思ったのが縁で、見つけるに従って、少しずつ買い集めています。

その内容は種々雑多で、法律解説のような堅いものから、通俗政治談義のようなもの、外国語のテキストやら、江戸時代の小説など、広い内容がこれに含まれますが、たいていキッチュな味わいの色刷り絵表紙がついていて、独特の風合いがあります。

これも地方の古書店に珍しいものが残っているから、旅行の折に店頭で探ったり、あるいはネットで取り寄せるようにしています。まだ十分ではありませんが、それなりの量が集まってきたことで、ボール表紙本のなんたるかが、段々と見えてきたような気がしています。

この収集から言えるのは、古書というのは宝探しの側面と、同時にまた、自分が宝に育てていくという側面と、二つあるということでしょうか。

誰にも顧《かえり》みられていない本や分野であっても、自分が特段の価値や面白みを見出したならば、ともかく黙々と集めるのです。それが一定量のコレクションとしてまとまったとき、こういう世界があったのかと人々が注目してくれるようになる。それが宝に育てるという意味です。

こうした書物とのご縁は、最初は「なんだか変わってて面白いな」という程度の興味にすぎません。ですから、はじめのうちは集めている本人にも、その書物に、あるいは収集になんの意味があるのか、必ずしも具体的にはわからないものです。しかし、集めていくうちに、次第になんらかの価値がわかってくる。このボール表紙本のなかには、明治中葉の政治を風刺した談義の本などがあれこれあって、これを読んでみると、またじつに愉快なものです。なるほど、こんな世界があったのか、と、当面私の著作にも研究にも、あまり役には立たないけれど、なんだか面白いから集めてみているというわけです。

それによって、また書物の世界の未知の扉を開け、それまで見出されなかった価値を発見する。つまり、古書を蒐めることによって、それを宝の山にすることができるともいえましょうか。

ちょっとだけ、その中身を読んでみましょうか。

これは、『まんだらぞうし　化気《かき》の種』（一一二頁写真）という本で、作者は「まんだら居士編纂」となっていますが、奥付には「本所區中ノ郷瓦町一番地寄留　佐伯法雲」とありますから、この人が書いたものと見えます。そうして、発行者は、「神田区佐久間町三丁目十三番地　石渡賢八郎」とあり、明治二十一年十一月二十六日の刊行、まさにボール表紙本の全盛時代の本です。

下愚《かぐ》は移らず

内君謂《おかみさんい》ふ、モシ良人《あなた》、時事新報《じじしんぱう》には庄原《じやうばら》さんが日曜日《にちようび》にお亡《なく》なりなすッたと書《かい》てありますねエ、良人曰《だんないはく》、ソリヤ間違《まちがへ》だよ、庄原《しよふばら》さんは月曜日《ぐわつよふひ》に死《し》んだんだもの、内君《かみさん》曰《い》ふ、夫《それ》でもアノ新聞《しんぶん》には日曜日と書《かい》てありました、良人曰《だんないふ》、ソリヤ私《わし》も知て居るが、印刷《いんさつ》の誤《あやま》りだよ、内君《かみさん》。私《わた》しも始《はじ》めは左様《そー》思ひましたから、又其《その》時事新報を五六枚《まい》執《と》り寄《よ》せて見ましたが、五枚《まい》見ても六枚見ても、矢ッ張《やっぱ》り日曜日と書《かい》てありますもの、ナンボ何でもソンナに間違《まちが》ふ筈《はづ》はありますまいよ。此《ここ》に於て良人《だんな》は頻《しき》りに弁明《べんめい》を与《あた》へたれども、遂にその無益《むえき》なるを知りて黙《もく》せしとぞ。

口惜《くちを》しき事の最大極点《さいだいきよくてん》

吾国《わがくに》には蒸気《じようき》の発明者《はつめいしや》あり、飛空器《ひくうき》の創製者《そふせいしや》あり、牛乳《ぎうにう》の搾取者《さくしゆしや》あり、牛乳搾取《ぎうにうさくしゆ》の事は今を距《さ》ること一千二百余年前《ぜん》、孝徳天皇御宇《かふとくてんあふぎよう》の人和薬使臣牛乳《ひとやまとくすりをみぎうにふ》を取りて天皇《てんわう》に奉《たてまつ》りし云々《しかじか》と黒川真頼博士《くろかわまよりはくし》が物せし福常《ふくじやう》が伝《でん》に見へ、蒸気《じようき》の事は火吹達磨《ひふきだるま》を以て証《しよふ》すべく、飛空器《ひくうき》の事は旧幕時代《きふばくじだい》備前岡山《びぜんおかやま》の表具師《ひようぐし》藤吉《とうきち》なるもの、城《しろ》を飛《と》び越へて京橋の東《ひがし》に降《くだ》りしより、人を驚かしたりとて入獄《にうごく》せしめたることは、熊沢了介《くまざはりよふすけ》氏が日中《につちう》の提《てう》灯《ちん》と一対《つゐ》の話柄《わへい》たり、尚奈良《なほなら》の朝《てう》に活版術《くわつぱんじゆつ》も起りし由を聞けり、若《も》し右に列《れつ》する所のものをして相応に発達せしめなば、今日決して西洋人《せいよふじん》の下風《かふう》には立つべからざるものを、嗚呼《ああ》、口惜《くちおし》ひかな、守株制度《しゆちうせゐど》の余響《よきやう》。

いかにも明治という時代の混とんたる様相が、こんな無名の書物によって浮かび上がってくるように思われます。ああ、面白いなあと思って、次から次へと、こんなものを探索しては買い集め、そして読んで面白がっているうちには、また明治文学の研究の一助ともなろうかと思ったりします。

これまた、普通に考えれば、なんの役にも立たない読書ではありますが、読書は娯楽という本義にはいかにも適《かな》っているように観察されます。

まず、こういう古書を探求し入手するためにも、古書店を残していく営みが大切だというわけです。

我々の先祖は本を読まずにはいられない人たちだった

江戸時代から日本人の読書好きは世界的に見て特異であったと、私は思っています。一六世紀から一七世紀、一八世紀という時代、ヨーロッパで本を読むのは、貴族や僧侶など、一部の上流階級に限られていました。ところが日本では、日本全国に何万という数の寺子屋が開かれて、農民や商人といった一般市民までが読み書きそろばん程度の勉強を授けられたものでした。この結果、江戸の庶民なども、草双紙《くさぞうし》や洒落本《しゃれぼん》、あるいは読本《よみほん》のような通俗書を娯楽として読んでいました。こうした状況は世界的にみて、まったくの例外だったはずです。

つまり、私どもの先祖がたは本を読まずにはいられない人たちだった――と言っていいと思います。

では江戸時代、庶民はどのように本を入手していたのでしょうか。

京都、江戸、大坂、の所謂《いわゆる》三都には、江戸の前期以降数多くの本屋が出版活動に従事していました。ただし、辞書、儒書などの学問の本を扱うのは「物の本屋」、草双紙のような通俗娯楽書を扱うのは「草紙屋」と、出版物によって業種を異にしていたのです。

それでも、概して本は高い商品であった関係で、とくに「物の本」と呼ばれるジャンルのものは、庶民が気楽に買い求めるということはできなかった。

そこで当時は「貸本屋」という商売が、いわば有料の図書館として営業していました。江戸時代中期以来明治に至るまで、名古屋で盛業していた大野屋惣八（通称大惣《だいそう》）などが、その代表的な存在です。

こういう店で、安い金額で本を借りて、それを写すということが盛んに行われて、江戸時代の人々の読書や学問の源泉となっていたものです。

それから貸本屋には富山の薬売りのようなスタイルもありました。行商の貸本屋です。街に貸本屋がないような、かなり山奥の村にまで、行商の貸本屋は分け入って行ったようです。貸本業者が村にやってきて何冊か「置き本」をしていくと、村人たちは皆でそれを回し読みしたり写したりする。で、また一カ月くらい後に貸本業者はやってきて、古い本を回収し、新しい本を置いていく。そのときに、読んだ分の貸し賃を受け取っていく、こうしたシステムが全国津々浦々にまで行き届いていたことで、日本人の識字率は上がり、読書によって培われた国民総体としての知力が、後に明治維新を成功させた原動力になったのです。

第五章　真髄は古典にあり

古典で知る読書の醍醐味

いままで縷々《るる》述べてきた意味で、もっとも「役に立たない読書」というべきものは、古典文学の読書かもしれません。いやいやよくよく考えれば、古典を読むことほど、真に人間的な意味で役に立つ読書もないのですが、ただ表面的に実用の意味ということで言えば、それはたしかに役に立ちません。古典文法を覚えても、日ごろ使うわけではないし、古語のあれこれの知識を得たところで、現代にはそれほど役には立たないように思えます。

しかし、だからこそ、そのもっとも純粋な意味での「読む楽しみ」ということで申せば、もっとも本格的な読書の対象が、古典なのです。

なにしろ何百年も、ものによっては千年以上も読み継がれてきた古典文学ほど面白いものはありません。いや、面白いからこそ長い間廃《すた》れずに読み継がれて、結果として古典となったのだと見なすのが適当であろうと思います。

すなわち、実用的な役には立たないけれど、楽しみという意味では、もっとも本格的で、しかも人生にとって有益だとも言えるかと思います。

そこでこれから少し、古典文学の話をしようと思います。

私はもともと日本古典文学の学徒で、その研究をする過程で身に付けた知識も多く、また人間的な意味でももっとも学んだところ多く、また身につまされて読んだのは、いずれも古典文学でありました。だから、どうにかして、その古典文学を日本の若い人たちに、もっと読んでもらいたい。実用的にはなんの役にも立たないけれど、こんなに良いものがあるんだよ、ということを身につまされて知ってほしい、そう願ってやまないからです。

さて、大学院に入ってまもなく、私は佐藤信彦先生という偉大な叡智にめぐりあいました。佐藤先生は、その頃すでに名誉教授になっておられて、白髪に金縁眼鏡の小柄な方でしたが、一向に著書などは出されなかったので、一般にはあまり知られていないかもしれません。

その佐藤信彦先生が、私ども大学院生に授けられた最初の教えは、「解釈というものは、まず『先輩たちの意見』に謙虚に耳を傾けることから始まる」ということでした。

この場合、「先輩たち」というのは、同窓の先輩というような小さなことではなくて、当該の古典文学作品について、昔から今まで、長い年月に亙《わた》って研究を蓄積してきた幾多の先覚的学者・研究者の謂《い》いです。

言葉を変えれば、要するにまずは「研究史」の把握こそが大切で、それを抜きにしてはなんの研究も読解もあり得ないということでした。

古典文学を広めた江戸時代の出版

古典文学を「読む」と気軽に言いますが、じつのところ、ことはそれほど気軽ではありません。よろずの古典作品について、それを「原典」で読むということは、ふつうの人にとってはそうそう易しいことではないからです。

日本では、古典文学の原典は、古くは写本の形で伝承されてきました。木版印刷による出版そのものは、古くは天平宝字八（七六四）年から神護景雲四（七七〇）年にかけて刊行された『百万塔陀羅尼《ひゃくまんとうだらに》』（これは金属版による印刷だとする説もある）を始めとして、平安朝以来、奈良の興福寺が出版した「春日《かすが》版」、高野山金剛峯寺《こんごうぶじ》の出版になる「高野版」、あるいは鎌倉〜室町時代に行われた鎌倉五山ならびに京五山と呼ばれる有力な五つの禅寺が刊行した「五山版」など、数多くの出版物がありましたが、それらは原則として仏教の経典や論議のような仏典、あるいは五山版ならば漢詩文のアンソロジーや字書などに限定され、『源氏物語』に代表される日本の古典文学が古来の木版印刷で刊行されることはありませんでした。

それが、前述の江戸初期に起こった古活字版によって、初めて印刷出版の対象となり、ここに初めて古典文学は写本の時代から刊本の時代への変遷を迎えたのでした。

やがて寛文頃を境として、古活字版は衰滅し、ふたたび古来の整版印刷による大部数出版の時代へと移り、ここに営利的な意味での出版業が確立します。

『源氏物語』でも、室町以前は、すべて写本で伝えられたので、本文も流動するし、また読者はごくごく限られた範囲の少人数に過ぎませんでした。しかし、これも古活字版で印刷され、写本時代とは比べ物にならないくらい、多数の読者を獲得します。しかしながら、『平家物語』などは江戸時代の人々にとってはごく易しい文章であったのですが、『源氏物語』のような平安朝の女房文学となると、そう簡単には読解できぬ難しさがありました。

そこで、北村季吟《きぎん》（一六二五〜一七〇五年）の『源氏物語湖月抄《こげつしよう》』（全六〇巻）という、それ以前の研究史を踏まえた詳密な注釈書が延宝元年（一六七三年）に成立し刊行されると、ここに初めて、とくに古典学者について学ばなくとも、独学で理解し享受することができるようになったのでした。

そもそも『源氏物語』でも、写本で読まれていた頃には、そのテキストは原文のみの形がふつうで、『湖月抄』のような形の注釈が付けられたものはありませんでした。しかも、その本文は、改行も句読点もなく、音の清濁も表記上の区別なく、ほとんどはひらがなでべったりと筆写されているという形をしています。そしてそのひらがなは、いわゆる「草仮名」で、流麗に崩した草体で書かれているのですから、ふつうの人は、それを見ても、まず何と書いてあるのか、判読に難儀したことでしょう。

そういう、庶民には取り付く島のないような原典写本テキストに対して、博士家の学者や学僧などが「注釈を書き入れる」形で、解釈・研究の歴史はテキスト上に固定され、後世の読者を裨益《ひえき》して（または時に惑わしたりもして）きた経緯がありました。そうして、その末に江戸時代以来、今日に至るまで、作られたさまざまの注釈本が位置しているというわけです。

注釈書によって変わる作品の解釈

現代の人も、江戸時代の人々と同じことで、さあ草仮名で流麗に書かれた、注もなにもない原典のテキストで、はたして作品を読解玩味することができるでしょうか。

それはほとんどの人にとっては不可能です。そういうことができるためには、まず大学院博士課程を修了した程度の学識が必要だからです。

そこで、現代の人々は、ほぼ例外なく、古典文学の「全集」の形で編纂された、注釈付きのテキストで読むということになっているだろうと思います。

この、古典の全集というものは、叙上《じょじょう》の意味で難物なる原典を、当代のしかるべき専門学者たちが、きちんと判読し校合《きょうごう》し翻字《ほんじ》し、またそれまでの研究史に目配りしながら、その人としての「解釈」を注記したものの集成です。

いま、そういう古典文学の全集の類で、古書として容易に入手できるものをざっと挙げると、

『日本古典文学大系』岩波書店　全一〇二冊
『日本古典文学全集』小学館　全五一冊
『新潮日本古典集成』新潮社　全八二冊
『完訳日本の古典』小学館　全六〇冊
『日本古典全書』朝日新聞社　全一〇八冊
『新日本古典文学大系』岩波書店　全一〇六冊

というようなところになりましょうか。

これらの全集は、すべて、各編の注釈者の「校訂・解釈」を加えられたテキストである

ということを、まず認識しておかなくてはなりません。

したがって、その校訂や解釈が常に正しいとは限らないのです。あくまでも「一つの読解」「一つの解釈」を示していると見なくてはなりません。それゆえ、ひとつの全集本だけを見て、それが「正解」だと思うのは、じつはちょっと危ない。

そこで、昔、佐藤信彦先生がよく教えてくださったのは、その「先輩たちの意見」すなわち既存の注釈書の校訂と解釈を、相互によく比較検討しなければいけない、という古典解釈の方法でありました。そうして、先輩方の意見が一致しているところは、そのまま解釈を受け取ってもまず間違いはないが、いろいろな読解や解釈のあるところは、よくよく注意して原典に戻って考えなくてはならないということでした。

実際には、底本に用いた写本等の文字をどう読み取るかというところで違いがあったり（万葉仮名などになると、そもそもどう読むべきか解っていないという謎のようなテキストもある）、また底本のテキストそのものに誤脱等の間違いがあったり、さらには、同じ本文をどう解釈するかで意見が全然違っていたりもするので、これらの全集は、どれか一つだけ揃えれば十全というわけにはいきません。できれば、ここに挙げた各全集程度のものはみんな揃えておいて、さあ読もうというときは、相互に比較しながら読んでいくといい、それがほんとうの「古典の読書」なのだということになるわけです。古典を読むということは、この意味で、なかなか大変なことなのだということを、まずおわかりいただきたいと思います。

幸いなことに、こういう全集も新刊のときには相当に高価なものであったけれど、現在はだんだんと読者が減ってきたせいで、古書としての価格はほとんど捨て値のようになってしまっている。

たとえば、古典全集のスタンダードともいうべき、岩波書店の『(旧)日本古典文学大系』などは、今や、索引二冊まで含めて全一〇二冊揃いが一万三〇〇〇円などという廉価で投げ売りされていることすらあります。こうなると一冊が一三〇円足らずという体《てい》たらくで、そんな程度のお金で日本の古典の大概を読むことができるのだから、じつは読書家にとっては非常に良い時代になったとも言えるのです。

新しさと読みやすさは必ずしも一致しない?

これらの古典文学の全集には、それぞれに特色があって、一概にどれが良いと言えるものではありません。

岩波の『(旧)日本古典文学大系』は、なんといってもその作品選定が穏当で、まずたいていの主要作品は、これに入っています。まあ、古典の全集のなかでは、王道というべきものだろうと思います。

とはいえ、昭和三〇~四〇年代の刊行ですから、その後の新研究などの進展を睨《にら》んでみれば、やはり注釈の「古さ」は争われないところがあります。

しかしながら、面白いのは、注釈というものは、新しいからとてそれが必ずしも正しいとは言い切れないところで、『源氏物語湖月抄』などは江戸前期延宝《えんぽう》期の注釈だけれど、今日もなお源氏注釈として十分の生命を保ち、しかも読みやすい。

これに比べると、もっとも新しい岩波の『新日本古典文学大系』などは、たしかに新研究成果や注釈者の新見《しんけん》やらを加味して新しいことは良いのだけれど、しかし、それで『源氏物語』そのものを作品として面白くスラスラと読めるか、ということになると、決してそうは思えません。『新日本古典文学大系』の注釈は、一般の読書人にとっては不親切なところがあって、全訳などは一切付けられていないのですから、これだけで「源氏」をスラスラと「読書」するのは相当にむずかしいことと思います。どうもこれは、最初から古典を相当に読み慣れている人を対象として作られた注釈のような感じがするのです。

これに比べると、旧の『日本古典文学大系』の「源氏」は、山岸徳平博士の解釈を前面に出して、改行や傍注を多くし、本文だけでもかなり読みやすくしようという配慮が、たしかに認められる。が、欠点は補注が多いことで、巻末にまとめられた補注を参照しないと理解できないところも多出し、しこうしてその補注は小字二段組みで、読みにくいことただならぬものがあるため、さてスラスラと読もうとすると、あちこちで引っかかってしまって、なかなか進まないという欠点があります。

自分に合った古典全集を求めて

古典文学であっても、やはりできるだけ近現代文学と同じようにスラスラと、フラストレーションなく読み進めたいものだと思います。そうしないと読書が「勉強」になってしまって、楽しく玩味しつつ読む「娯楽」としての性格がほとんど失われてしまうからです。

こういう視点からすると、なんといっても読みやすいのは『新潮日本古典集成』でしょうか。

この「読みやすい」ということのなかには、内容的に理解しやすいということだけでなくて、外形的な本のサイズや造本なども含まれます。

たとえば、小学館の『日本古典文学全集』は、版面を三分割し、中央に本文、上欄に語注、そして下欄に現代語訳が併記され、なおかつところどころ挿絵もあって理解を助けてくれるので便利ではあります。しかしそれだけに、これらの全集のなかでもっとも大型の書型であり、一冊も分厚くって、ちょっとハンドバッグに入れて持ち歩くというわけにもいかないし、手に持って読むにも重くて疲れます。

また岩波の新・旧『日本古典文学大系』は同じ書型の堅牢《けんろう》なハードカバー上製本で、小学館よりは一回り小さいけれど、なおそれでも、いつも携行して電車の中などで読もうというには大きく重すぎるかと思います。

そこへいくと、新潮社の『古典集成』は、通常の単行本すなわち四六判上製本という造本ですから、抵抗なく持ち歩くことができ、一冊の厚みや重さも手ごろでしょう。

じつはこういう本の大きさ・重さや、字の大きさ、あるいは用紙や装訂というような物理的なことが、読書という営為にとっては相当に大切な要件で、本として小型であっても、戦前の文庫本のように文字が小さくては、これまた読む気にならないというのが正直なところ、よく昔の人はあんなに小さな字の本が読めたなあと、最近は感心するくらいです。

そういう意味で新潮社の『古典集成』は、もっとも「読書」するに適した全集だと言うことができるかと思います。

古典だから「勉強」のために読む、というのでは、やはり読書としての興味は半減するというもの、できれば頭注・補注と行き来しながら営々努力して読むのでなくて、現代文と同じようにスラスラと読みたいものですから……。

しかるに、新潮社の『古典集成』は、できるだけ本文から目を離さないで、スラスラと読み進めることができるようにと、最大限の工夫がしてあるので、私は一般の方の読書用としておすすめしたいと思います。

もちろん頭注は付いているのですが、そのほかに、ほとんど全訳に近いくらい行傍《ぎょうぼう》に読解文が付けられていて、しかもそれは本文と違って淡い茶色インクで刷られているので、目にあまり障らないのもよく工夫されています。

ただしそれにもデメリットがあって、こんどはその傍記の読解ばかりを読んでしまうために、肝心の本文がおろそかになるという嫌いもありますから、そこは注意が必要です。

その点では、小学館の『日本古典文学全集』は頭注と下欄現代語訳とが分離しているので、本文への注意が散漫になるおそれはありませんが、この現代語訳と本文の位置が甚だしくずれるところ多く、どこがどの現代語訳だかを探すのに一苦労で、これまた楽ではないし、またその現代語訳自体も、初版と後の重版とではかなり違っているところがあったりして一筋縄ではいかないというのが、いささか欠点です。

同じ小学館でも『完訳日本の古典』になると、本文ページは本文と脚注だけで、現代語訳は巻末にまとめてありますから、これは本文を読みながらというよりは、脚注に基づいて本文を一読したあと、確認のために現代語訳を通読するというような読み方が想定されているもののように思われます。

いま、古典の全集が担う役割

現在私の書斎には、上記各種の古典全集を並べて置いてありますが、その読み方は、冒頭で述べたように、各全集の本文や解釈を比較検討するための材料という行き方です。

もしほんとうに古典を深く読みたいと思うのであれば、やはり佐藤信彦先生の教えを守って、同じ作品についての、さまざまな全集本を揃えて、それらを相互に比較考察すべきでありましょう。じっさい、私が『謹訳源氏物語』や『謹訳平家物語』を書くにあたっては、これらの全集本をずらりと並べて、逐一照合しながら読み進めていったものでした。

いやいや、なにも全集の全冊を揃えるには及ばないので、それぞれの全集に含まれている「作品」にスポットして、各全集の当該作品を横断的に揃えるというほうが、じつは理にかなっているように思います。

実際、奈良時代から幕末に至る長い日本古典文学の歴史のなかから、主要なもの、とくに面白いもの、あるいは資料的な価値の高いものを選んで、全集として編んだのがこれらの古典全集ですから、そのすべてを読破しようというふうに強いて思う必要もありません。

そもそもが、なんの興味もない分野の作品を、あれもこれもと、額に汗して読むのはあまり意味がありません。

それよりも、自分にとって興味ある分野や時代の、その主要なものを（どれが主要な作品なのかも、全集のおかげで知ることができる）じっくりと読んでみるということが、一般の読書人にとっての、これら古典全集本来の役割で、そこが、近現代の全集や個人全集とのもっとも大きな違いかもしれません。

古典の教えかたについて思うこと

主に高等学校の古文の授業で、古典に触れたという人は少なくないでしょう。しかるに、その授業が難解だったとか、退屈だったとか、要するに面白くなかったがゆえに、古典嫌いになった人も少なくないと推測します。

学校で教える古典の何が問題かといえば、ひとつには、ほんの一部分だけを抜き出して教えようとする点です。どんなにすばらしい芝居だって、たとえば幕開きとクライマックスだけを見せられて面白いはずはありません。

同様に、古典作品を細切れにして教えたのでは、古典文学の持っている馥郁《ふくいく》たる香気も、また心に沁みる面白さも、まったく伝わらないに違いありません。しかも教える教師自身が面白いと思って用意した教材ではなくて、まったくお仕着せの細切れを材料として、ただその語意を説明したり、あるいは文法を教えたりだけの授業では、生徒たちが古典に飽き飽きとし、はては古文を敬遠するようになってしまうのは、どうしたって避けることができないように思います。

そこで私はいつも思うのですが、なんとかして若い人たちに、ある作品の全体を読ませたい。『源氏物語』だったら、全部はなかなか読めませんから、たとえば、「葵」の巻だけを全部とか、あるいはそれほど長くない作品であれば、『徒然草』を全巻とか、そういうふうに、作品としてきちんとまとまりのある形で教えることが望ましい……。

とはいえ、多くの生徒たちにとっては、入試という大関門があります。

この入試の抑圧によって、先生たちも、なかなか一作品に集中するということはできないだろうし、また保護者などからのクレームも出るかもしれません。

そこで、全国の大学を代表する東京大学や京都大学、あるいは私学の早稲田大学と慶應義塾大学など、主要大学が、それぞれ、

「二〇二〇年度の本学入試の古文は『枕草子』から出題します」

というような、前もってのアナウンスをするという制度にしたらどうでしょうか。

そうすれば、たとえば東大が『枕草子』を出題すると告知しておけば、東大志望の人は、少なくとも『枕草子』を全巻読むに違いありません。

もとより入試のために読むことを強制されるのは、読書としては邪道ではありますが、それでも、一つの作品をきちんと読み上げてしまううちには、文法などはたいてい頭に入ってしまうだろうし、だいいち、古典文学の面白さに接することができるというのは、大きな大きな「人生の宝」です。そこからまた次には『徒然草』も読んでみようとか、『源氏物語』に挑戦しようとかいう人だって出て来るかもしれません。

こうなると、教師のほうも、おちおちしてはいられません。教師用の虎の巻をちらちら

と見てお茶を濁しておくわけにはいかない。教師もまた、『枕草子』であれ、『源氏物語』であれ、地道にしっかりと読み込んで、深く理解味読しておかなくてはならなくなるからたいへんです。

いや、本来これから生徒たちが学ぶ古典について、先生自身が必死に勉強し、研究をし、情熱をもって教えるのでなければ、面白く教えられるはずはない、そう私は信じます。

私がまだ二〇代の頃に国語教師として教えていたのは、慶應義塾女子高校という学校でした。この学校は、原則として大学全入で入試がありませんし、そもそもが独立自尊を建学の精神とする学校ですから、講義のやりかたはほんとうに自由でした。自由ということは、しかし、放恣《ほうし》ということではありません。自由には責任が付随するのです。

私は、細切れの教科書ははじめからまったく使わず、つねに自分で各古典作品から面白いと思うところをできるだけ長く抜き出して自作のプリント教材を作り、それで授業をしました。そうして試験は、そのプリントの持ち込み可でした。

若かった私は、ともかく必死に勉強して、なんとかして古典の面白さを生徒に伝えようと努力しました。だから授業は相当に難しかったかもしれません。

当時の教え子たちとは、今でも折々に交流があります。そうして、そういうときに彼女

たちは、思い出話に、

「リンボウさんの試験はものすごく難しくて、なかなか点をくれなかった」

と言います。

しかし、当該の物語はすべてプリントして配ってあるし、いろいろと生徒たちは書き込んであるので、暗記してくる必要はまったくなかったのです。

ともかく、そんなふうにして、私はいつも文学そのものの「面白さ」に肉迫した授業をしようと考えて、古文が「暗記物」にならないように、いろいろと教材研究をし、授業法にも工夫を廻らしたものでした。

言い換えれば、私は古文の「知識」を教えたかったのではなくて、「文学」の面白さそのものを伝授したいと思ったのです。

いまから思うと、ずいぶんと思い切った授業をやったものですが、しかし、そのやりかたは決して間違っていなかったと、今でも思っています。

古典に見る人間の普遍性

さて、その古典文学を読むということですが、多くの方々は、なにやら難しいことを勉強のために読むのだと考えがちです。しかし、もしそうであったなら、千年もの間滅びずに読み継がれてきたはずはないのです。

昔の人も、そのちょっと後の人も、中世の人も、江戸時代の人も、たとえば『源氏物語』を読んでみたら、なんて面白いのだろうと思ったからこそ、また筆写したり講釈したりしつつ、次の世代に伝えてきたのに違いありません。

じっさい、およそ千年前に書かれた『源氏物語』を読むと、「ああ、わかるなあ」と思うことばかりです。

平成の世の平民の私どもと、平安時代の貴族の世界では、暮らしかたも取り巻く環境も当然違っていたにきまっているのですが、しかし、どんなに身分や土地が違おうとも、また時代が隔たっていようとも、男が女を好きになって恋仲になりたいと思う心、女が男に惚れてその逢瀬《おうせ》を待ち焦がれる思い、そういうことは、時代や身分を超越して不易であるに違いないのです。

すなわち、喜怒哀楽、恋や恨みなど、いわゆるヒューマニティというものは何千年を経ても普遍的なことがらであって、そうであるからこそ、千年後の私たちにも紫式部らの書いたことが「理解」でき、また我がことのように感銘を受けたりするのです。

そういうことを、本居宣長は「もののあはれ」という言葉に代表させたということなのです。

古典文学というのは、単に古い文学ということではなくて、このように時代の批判を通過して、どの時代でも普遍的に受容され味読され得る文学ということにほかなりません。

また、平安女房文学が女たちの手によるものであるということは、のっぴきならず重要な意味をもっています。

原則としては、政治にかかわらない女性たちによって書かれたことで、恋愛を中心とする日々の暮らしのなかのヒューマニティに焦点が当てられました。あれだけ長い『源氏物語』のなかに、光源氏が、左大臣が、あるいは髭黒《ひげくろ》の大将がどんな政治をしていたのかは、ほとんどまったく書かれていません。

恋愛文学が残らなかった中国

この点は中国の古典と比較するとわかりやすいかもしれません。

中国文学は、歴史書であれ、儒教や老荘思想のような思想書、または仏教書であれ史書であれ、古くから男による男のための文学でした。天下国家を論じ、道徳を語り、哲学を考える、そうでなければ文学としての価値がない、すなわち、士大夫《したいふ》が読むに値しないという価値観が厳然としてあり、文学の主題はもっぱら政治や哲学や道徳でありました。

したがって、恋愛文学などは作られても読み捨てられて残らなかった、という歴史があります。そこで多くは、題名のみ伝えられて中身は伝わらないことが多かったという点で、千年も読み継がれた『源氏物語』などとは好対照を成しています。

しかし、そういうなかでも、偶然のようにして後世まで残った恋物語があります。たとえば、かつて私が研究していた『遊仙窟《ゆうせんくつ》』がそれです。

これは唐代（六一八～九〇七年）に書かれた伝奇小説で、著者は張鷟《ちょうさく》、玄宗皇帝時代の官僚です。政府の官僚が書いたにもかかわらず、黄河の源流で仙境に迷い込み、そこで出会った美女との色恋の物語という設定で、ベッドシーンも出てきます。じつはこの仙境は、当時の遊廓《ゆうかく》をモデルとしたのではないかと考えられていて、世に世界最古の好色文学などと言われることがあります。

ではなぜ『遊仙窟』は残ったのかといえば、唐に渡った遣唐留学生たちが面白がって日本に持ち帰ってきたからです。以来、真言宗のお寺や、博士家《はかせけ》などに、ひそかに伝写されて読み継がれてきた、そういう希有《けう》なる歴史の末に、この作品は日本にのみ残り伝えられました。

しかるに、明治一三年、楊守敬《ようしゆけい》（一八三九〜一九一五年）という学者が清国の公使館員の一人としてやってきて、『遊仙窟』が日本に伝存して、多くの人に読まれていることを知り、びっくり仰天したのでありました。中国本土では士大夫の読むに値しない俗書として蔑《さげす》まれ打ち捨てられて、本文はすっかり失われて書名のみが伝わっていた「幻の本」が、千年以上を隔てて、中国から見れば「辺土」というべき日本で発見されたのですから、驚いたのも無理からぬところです。

ではどうして日本ではこういう恋物語がとくに喜ばれたのか、ということを、少しだけ考えてみようかと思います。

日本は地勢的に稲作を基本とする農業国家でした。

その農業という営為は、人間の力ではどうにもならない自然というものを相手にしています。晴雨、寒暖、自然の移り行きが順調であって初めて豊饒《ほうじょう》がもたらされる。それはもう人間の知恵を越えた神の領域であると言っても過言ではありません。

そうして、どのようにしたら、稲作の豊饒が得られるのか、それを思うと、充分の陽光と豊かな水、まずこの陽と陰の程よい調和がなくてはなりません。

ここで日本のご先祖たちがレファレンスしたのは、男女の仲ということでした。男と女、太古は男は陰、女は陽でした……太陽神であるアマテラスは女の神様でしたね……その男女が和合し、睦《むつ》まじくすることによって、子ども＝実りが生まれる。

このことから、恋は、日本では決してタブーではありませんでした。それどころか、あの『古事記』の、イザナキ・イザナミの国産み神話を想起すれば明らかなように、男女が尋常に「みとのまぐわい」つまり性行為をなして、子どもが産まれるようにして、日本は神も生まれ国土も生まれたということになっています。

そうして、恋の仲立ちをするものは、古代から一貫して「うた」でありました。

連綿と長く言葉を連ねて歌えば「長歌」、五七五七七の短い形で歌えば「短歌」、そういうものの総合として「うた」が、大切な存在であり続けました。

『万葉集』劈頭《へきとう》の一首は、雄略《ゆうりやく》天皇の妻問いの歌です。

籠《こ》もよ　み籠もち　掘串《ふくし》もよ　み掘串《ぶくし》持ち　この岡《をか》に　菜摘《なつ》ます子《こ》　家《いへ》聞かな　名《な》
告《の》らさね　そらみつ　大和《やまと》の国は　おしなべて　我れこそ居《を》れ　しきなべて　我れこ
そ居れ　我れこそば　告《の》らめ　家をも名をも

田園の岡辺で、いまや美しいシャベルを持って若菜を摘んでいる乙女に対して、「さあ家はどこか教えておくれ、名はなんというのか教えておくれ」と問いかける歌です。こういう春に若菜を摘むのは、もちろん一種の神事儀礼で、新しい年の生命力の象徴である若菜を摘んで君に奉ることは、すなわち新たな生命を君に奉る祈りでした。このゆえに「菜摘みの神事」というものが、あちこちにあったのです。

この儀礼に奉仕しているのは、身に穢《けが》れなき乙女で、いわば神に仕える巫女《ふじょ》でもあったので、そういう乙女に家や名を聞き、それを知ることは、この乙女を自らの宮廷に召すことでもあったのだと考えてよいのです。

こうして、「うた」を仲立ちとして、天皇が各地の乙女を召すこと、これが古代の天皇統治の基本でありました。天皇は武力で平定する覇王《はおう》ではなくて、本来は、こうした神の力を以て国を知ろしめす存在であったことを知っておく必要があります。

こうして、天皇が各地から「采女《うねめ》」と呼ばれたような乙女たちを召し集めて寵愛《ちょうあい》することが、すなわち統治の一形式であったことは、日本の国と文学を知る上で大切なことがらです。

かにかくに、日本は歴史的に、男女の和合すなわち「恋」こそが国を治める基本だという時代が長かった国ですから、恋が日本文学のぬきさしならぬ重要なテーマだったことは、当然のなりゆきでありました。

したがって代々の天皇は、みな良い恋の歌を詠まれたのですが、西欧型の絶対君主のような存在にならなくてはならなかった明治天皇ともなると、そう昔ながらの暢気《のんき》な恋の歌など歌っても居られなくなったのでした。いや、じつは明治天皇も、数多くの恋の歌を詠んだと伝えられています。しかし、明治の元勲たちによって、それはどこかに隠匿《いんとく》されてしまったのだといいます。

いずれにしろ日本の文人社会は、伝統的には恋に対してなんの偏見もなかったどころか、恋こそがもっとも大切な文学の素材であり続けたのでした。

日本文学の根幹は、したがって、「うた」ですが、その和歌の世界では、なにしろ「恋の歌」というものが、もっとも重んじられ、多く作られてきたものでした。

『古今和歌集』をはじめとする勅撰《ちょくせん》集の中身をみれば、四季の歌と恋の歌がもっとも大きな比重を占めています。その四季の歌のなかにも、恋をテーマとして歌っているものが少なくないのですから、結局は恋が和歌の最大のテーマだったことは疑いのないところです。

平安女性の「罵《のの》り文学」

しかしながら、中世に入ると、武家を中心に、女性は男性に随従することをよしとするような男尊女卑的な社会構造がふつうになっていきます。とはいえ、社会の大多数を占める農村の生活は太古からさして変わりなく、男女和合しつつ、一致協力して農耕に勤《いそ》しみ、その結果得られた収穫は神に捧げて感謝しつつ、民もまたその相伴《しょうばん》に与《あずか》って平和な暮らしを送っていたのだろうと想像されます。

読んだ方はお気づきかもしれませんが、『源氏物語』では一滴の血も流れません。流れるのは月経の血だけ。まことに平和な文学です。そのことは世界に誇るべきことだと思うのです。

また、『源氏物語』と並び称される平安文学『枕草子』は、聡明な女性が毅然《きぜん》として男たちと対峙し、時には手厳しくやっつけ、また笑いものにもする、いわば女たちの「罵りの文学」という側面が顕著にあります。

たとえば、こんなところがあります。

人はなほあかつきのありさまこそ、をかしうもあるべけれ。わりなくしぶしぶに起《お》きがたげなるを、しひてそのかし、「明けすぎぬ。あな、見《み》ぐるし」などいはれて、うちなげくけしきも、げにあかず物憂《う》くもあらんかしと見ゆ。指貫《さしぬき》なども、ゐながら着《き》もやらず、まづさしよりて、夜《よる》いひつることの名残《なごり》、女の耳《みみ》にいひ入《い》れて、なにわざすともなきやうなれど、帯など結《ゆ》ふやうなり。格子《かうし》おしあげ、妻戸《つまど》ある所は、やがてもろともに率《ゐ》ていきて、晝《ひる》のほどのおぼつかなからむことなども、いひ出《い》でにすべり出でなんは、見おくられて名残《なごり》もをかしかりなん。

思ひ出《で》所ありて、いときはやかに起きて、ひろめきたちて、指貫《さしぬき》の腰ごそごそとかはは結《ゆ》ひなほし、うへのきぬも、狩衣《かりぎぬ》、袖かいまくりて、よろとさし入《い》れ、帯《おび》いとしたたかに結ひはてて、ついゐて、烏帽子《えぼうし》の緒《を》きとつよげに結《ゆ》ひ入《い》れて、かいすうる音《おと》して、扇《あふぎ》・畳紙《たたうがみ》など、よべ枕上《まくらがみ》におきしかど、おのづから引《ひ》かれ散《ち》りにけるをもとむるに、くらければ、いかでかは見えん、いづらいづらとたたきわたし、見出でて、扇ふたふたとつかひ、懐紙《ふところがみ》さし入《い》れて、「まかりなん」とばかりこそいふらめ。

ちょっと口語訳してみましょう。

――男というものは、この暁の別れのときの様子が肝心で、ここぞとばかり情緒纏綿《じょうしょてんめん》とした様子であってほしい。たとえば、こんなふうに。

自分からさっさと起きたりしないで、なんだか知らないけれどいつまでも寝ていたいというような様子で寝床にいるところを、女のほうから、強いてせっついて「ほら、もう夜が明けちゃうわよ。ね、人に見られたら大変でしょ、起きてね」などと言わせて、そう言われて初めて、大きな溜《た》め息なんかついたりしている、その様子は、「ああ、やっぱりもっといっしょにここに寝て居たいのね」と女に思わせてくれる、そうでなくてはね……。

指貫（平安貴族のズボン）なんかも、さっさと穿《は》かないで、いつまでも下着姿で座ったまま、それで、すっと近づいてきて、夜のうちに交わした睦言《むつごと》の続きみたいなことを、女の耳に囁《ささや》いて……、そんなことしながら、女の気付かないうちに、いつのまにか、ひとりで帯なんか結んでいるらしい。

それでね、格子戸《こうしど》を自分で手ずから押し上げてみたり、そうかと思うと、開き戸のところまで、抱き合うようにしたまま連れていって、「おれはこれで帰らなくちゃいけないけれど、ああ、お前と逢《あ》えないでいる昼の間が辛《つら》いな。早くすぐにもまた逢いたいよ」というようなことを言いながら、その囁《ささや》きと共にするりと滑り出て帰っていく……、だから、装束だって曲がって着てるかもしれないし、烏帽子もちゃんとは結んでないかもしれないけれど、でも、女としたら、そんな男の後ろ姿こそ、いつまでも見送っていて名残惜しい気持ちになるもの……。

でも反対に、なにか用事でも思い出したのか、もうたいそうスキッと起きて、それからせわしなく動き回って、指貫の腰のあたりをゴソゴソガバガバと結び直したり、袍《うえのきぬ》やら、狩衣やら、ともかくその袖のあたりをまくり返したりしつつ、ガサリと腕を差し入れてみたり、そうかと思うと、帯をギチギチと固く結び終わって、そのままサッと膝を突いて、こんどは烏帽子の紐をキュッと強く結びつけて、しっかりと被《かぶ》る。さて身支度《みじたく》ができたと思ったら、こんどは、そこらへんをなにやら探し回っている。何を探してるのかと思うと、扇とか懐紙《かいし》などを、昨夜床《とこ》に入ってきた時に、枕のあたりに置いたものが、どうしたって自然に散らかってしまったのを探している。だけれど、なにしろ真っ暗だから、どこにあるのかさっぱり見えない。で、「えーと、どこかなあ、どこかなあ」などと言いながら手探りでそこらへんを叩いて回ったあげく、見つけて、扇でバタバタと煽《あお》いでは、散らかった懐紙をさっさと懐に入れて、「じゃ、これで帰るよ」と情緒もなにもなく言う、そういうのはなあ……。

ね、面白いでしょう。じつは『枕草子』というのは、こんなにも人間的なことが、山盛りに書かれている、まことにもって隅に置けない、面白おかしい作品なのだということを、ぜひ皆さんに知っていただきたいと思います。

ともあれ、こんなことを女たちのみならず、男たちも喜んで読んできたのだから、日本人は大らかでいいなぁと思わずにはいられません。

このあたりは、拙著『リンボウ先生のうふふ枕草子』(祥伝社)に、縷々《るる》書いておきましたから、ぜひ御一読いただけると幸いです。

『平家物語』の凄《すご》み

『源氏物語』の対極に位置するのが、鎌倉時代に成立した『平家物語』です。描かれているのは血なまぐさいことこのうえない、男の世界であり、政治の世界であり、覇権簒奪《はけんさんだつ》の世界です。

平安時代末期、地方豪族たちは私腹を肥やし、武力を蓄え、中央貴族よりも力を持つようになります。もはや平安朝的な呪術や文学の力だけでは、とうてい国を統治して平和を維持するなど、できない時代へと突入しました。

平家も金と武力で天皇の外戚となり、中央政界に覇を唱えたわけですから、平家の一族をめぐる物語が『源氏物語』的に平和な世界ではありえない。

すなわち、血みどろの権力闘争を描かなければ、あの時代を描くことはできなかった。それはまったく当然のことです。

だから、『源氏物語』の死がほとんど病死や自然死であったのに対して（夕顔と葵上だけは怨霊の祟《たた》りという非業の死を遂げますが……）、『平家物語』では多くの人が殺し、殺されます。

そこには自然死とはまた違った別れがあり、痛切な哀しみがある。自らの命を惜しまず戦場に立つ男たちにも、かわいいさかりの幼子を残してきた未練があり、残された妻子の側にも断腸《だんちょう》の思いがある。ここで描かれているのは『源氏物語』の時代には経験しようのなかった、殺すか殺されるかののっぴきならぬ闘諍《とうじょう》の巷《ちまた》ですが、しかしそういう時代相のなかで、親子や夫婦や恋人同士が、愛しあいながら引き裂かれ、涙にくれて別れていく、これまた紛れもないヒューマニティの物語だと思います。

そうして、平家の政権が崩壊し、壇ノ浦で一族が滅亡した後にも、非情酷薄《こくはく》なる源頼朝は、平氏の血統は一人も残すなという命令を下し、子どもであれ、出家であれ、草の根を分けても探し出して、情け容赦なく首を斬る。

ただし、女は殺さないのが、不文律となっていました。

すなわち男の世界は、やらなければやられるという、徹底的に非情な世界ですが、それゆえに観念的な善悪というところを超越して、不条理に満ちた血なまぐさい現実が描かれる。勧善懲悪ではないからこそ、リアルで胸に迫ってくるのです。

とりわけ、平宗盛《むねもり》と二番目の息子、能宗《よしむね》の別れのシーンは涙なくしては読めません。

ちょっとそこのところを、『謹訳平家物語』の現代語訳で読んでみましょう。

副将被斬《ふくしょうきられ》

同じき五月七日、九郎大夫判官《くろうたゆうのほうがん》は、平家の生け捕りどもを引き連れて関東鎌倉へ下ってゆくということが噂に聞こえてまいりますほどに、大臣殿《おおいどの》（宗盛）は、判官のもとへ使者を立てて、

「明日、関東へお下りになると承《うけたまわ》っております。それについて、親子の情は思い切れぬものでございます。このたび下向《げこう》の生け捕りの者のうちに『八歳の童《わらわ》』と記載されてございました者は、まだ存命でございましょうか。もしそうなら、今一度《いまいちど》会いたいのでございます」

とこのように、使者を以て気持ちを伝えられたるところ、判官の返事には、

「誰も親子の情《じょう》は思い切れぬものでございますほどに、まことにそのようにお思いになることでしょう」

とあって、河越小太郎重房《かわごえのこたろうしげふさ》が、その八歳の若君を預り申しておりましたるところ、

「大臣殿のもとへその若君をお連れするように」

と、命じられます。そこで、人に車を借りてその若君をお乗せし、女房が二人付添についておりましたのを、いずれもひとつ車に乗り合せて、大臣殿のところへまいられます。

若君は、父を遠くから見た瞬間に、世にも嬉しそうな様子を見せられる。

「おお、これへまいれ」

父がそう言うと、もうすぐに、その御膝《おんひざ》のうえにちょこんと乗られる。大臣殿は、

若君の髪をかき撫でかき撫で、涙をはらはらと流して、守護の武士どもにこんなことを述懐されたのでございました。

「どうか、おのおのがた、聞いてくだされよ。この子はな、母もない不憫《ふびん》な者なのでなあ。この子の母親は、これを産んで、そのお産そのものは何事もなかったものの、すぐに具合が悪くなって伏せっておったのだが、『殿様、これより先、いかなる人のお腹にお子を儲けなさいましても、どうか、この子へのお気持ちを変ずることなく、お育てくださいませね。そうして、わたくしの形見として、ご覧くださいませ。お手元から放して、乳母《めのと》なんぞの許《もと》へ遣られませぬように……』となそんなことを申すのが、不憫でなあ。あの兄の右衛門督《うえもんのかみ》をば、朝敵《ちようてき》を平らげるときの大将軍に任じて、これをば副将軍にしようと思うて、名を副将と付けたのじゃ。そうすると、この母がたいそう嬉しそうな様子をしてな、もういまわの際になるまで、『副将、副将』と呼んで可愛がっていたが、生まれて七日という日に、その母は亡くなってしまった……。この子を見るたびごとに、その事が忘れられなくて……思い出すのじゃ」

こう話されると、宗盛は涙を止《とど》めることができないのでございました。守護の武士どもも、これにはみな袖を絞ったことでありました。右衛門督も泣かれる、乳母も袖

を絞る、そんな様子で、やや暫くしてから、大臣殿、

「それではな、副将、きょうはもう、すぐに帰れ。お前の姿を見る事ができてうれしかったぞ」

と仰せになりますが、若君は帰ろうといたしませぬ。右衛門督はこれを見て、涙を抑えつつ、

「な、副将よ、今宵はともかく早くお帰り。もうすぐにお客さまが来るんだからね。そうだ、あしたは急いで来いよ」

と言い宥《なだ》めますが、副将は父の法衣《ほうえ》の袖にひしと取りついて、

「いやだっ、帰らないいっ」

と言って泣きじゃくる。

こんなことで、時間はどんどん経ってまいります。日も次第に暮れてしまう。いつまでもそんなことをしているわけにもまいりませぬゆえ、乳母の女房が、えいっと抱き上げて無理に車にお乗せする、二人の女房どもも袖を顔に押し当てて、泣く泣くお暇《いとま》を申しながら、ともに乗って出てまいります。

大臣殿は、その遠ざかっていく車の後ろ影をいつまでも見送っておられましたが、

「きょうのこの別れに比べたら、日頃恋しいと思っていた気持ちなど物の数ではなかったわ」

と言って悲しまれるのでございました。

（林望著『謹訳平家物語［四］』祥伝社）

別離の翌日、たった八歳の能宗は京都の六条河原で首を斬られるわけですが、「たけき物のふどももさすが岩木ならねば、みな涙をながしけり」とあって、斬るほうも涙を流しながら斬っている。やっていることは残虐なのだけれど、出てくる人たちはみな人間的に描かれているところに救いがあり、人心《ひとごころ》の哀れさが表出しています。

戦場でも、一の谷の合戦で討たれた敦盛《あつもり》の話など、またいかにも人間的で哀れです。

敦盛最期《あつもりのさいご》

もはや戦は平家の敗戦と決まりましたるほどに、熊谷次郎《くまがえのじろう》は、

「平家の公達は、助け船に乗ろうとして汀《みぎわ》のほうへ落ちてゆかれるであろう。されば、ああ、ぜひとも大将軍《たいしょうぐん》に取っ組みたいものよ」

と言って、磯のほうへ馬を歩ませてまいりますと、そこに、しんなりとした上等の練り絹に鶴の紋を縫い出した直垂《ひたたれ》に、萌黄色《もえぎいろ》のぼかしに縅《おど》した鎧《よろい》を着《き》、前立ての鍬形《くわがた》を打った兜《かぶと》の緒《お》を締め、黄金《こがね》で飾った太刀を佩《は》き、白黒斑《しろくろまだら》の鷲の羽で矧《は》いだ矢を負い、籐《とう》にてみっしりと巻きたてた弓を持って、白地に色毛を交えて銭のような斑《まだら》の毛並みの馬に、黄金《こがね》で覆った鞍を置いて乗っている武者が一騎、沖の舟目がけて、海へザッと乗り入れ、五、六段（五、六十メートルほど）ばかり泳がせているのを、熊谷が見つけ、

「あれにおわすは大将軍と見申しますぞ、卑怯にも敵《かたき》に後ろをお見せになるものかな、お返りあれ」

　と扇を上げて招いたるに、この武者、招かれて取って返す。そうして汀にうち上がろうとするところで、押し並べてむんずと組み、馬からドンと落ちたところを、取って押さえて頸《くび》を斬ろうと思い、兜を仰向《あおむ》けて見てみれば、なんと年は十六、七ばかりで、薄化粧してお歯黒を付けている。まさしく我が子小次郎と同じ年格好にて、その顔立ちはまことに美麗でございますれば、どこへ刀を立てようとも思えませぬ。

「そもそも、そなたはいかなる人でおわしますかや、お名乗りくだされ。助けてしんぜようほどに」

とこう申します。すると、

「そういうお前は誰じゃ」

と反問される。

「なに、物の数に上げられるほどの者ではござらぬが、武蔵の国の住人、熊谷の次郎直実」

と名乗り申す。

「そうか、ここで出会ったのが汝とあっては、名乗るまい。が、いずれ汝にとっては良い敵《かたき》にちがいないぞ。名乗らずとも、この頸を取って披露してみよ、誰か見知っているものがあろうからな」

と、こう言うのでありました。熊谷は、〈……おお、これはりっぱな大将軍じゃ。この人一人を討ち取り申したとしても、負けに決まった戦《いくさ》に勝てるというものでもない。また、討ち申さずとても、勝つと決まった戦に負けることはよもやあるまい。小次郎が軽い傷を受けただけでも、この直実は胸の痛む思いをするくらいじゃほどに、この殿の父御《ちちご》は、子息が討たれたと聞いては、どれほどお嘆きになるであろう、ああ、お助け申し上げたいものじゃ……〉と心中に思うて、後ろをサッと見返ると、土肥《とい》、

梶原《かじわら》の勢《せい》が五十騎ばかりで続いております。熊谷が涙を抑えて申すには、

「お助け申そうとは存じてござれども、わが味方の軍勢が雲霞《うんか》の如くに寄せております。この上は、どうあっても、よもや助かるということはございますまい。されば、他人の手に掛け申すよりは、同じことなら、この直実が、この手に掛け申して、後《のち》のご供養《くよう》を必ず仕《つかまつ》ることにいたしましょう」

と言う。敦盛、これには答えず、

「ただただ、さっさと頸を取るがよい」

とばかり仰せられる。熊谷はあまりの気の毒さに、さあどこに刀を当てようとも思えませぬ。もはや目もくれ心も呆然となって、前後不覚の思いをいたしておりましたが、やわかそんなことばかりはしておられませぬほどに、泣く泣く頸を斬ったのでございました。

「ああ、ああ、弓矢を取る身ほど不本意なものはない。武芸の家に生まれることがなかったならば、なんとしてかかる辛い思いをすることがあったであろう。無情にも討ち取り申したることよなあ」

と死骸に向かってかきくどき、袖を顔に押し当てて、さめざめと泣いておりました。

ややしばらくして、いつまでもそうしてはおられませぬゆえ、鎧直垂《よろいひたたれ》を脱がせて頸を包もうとしたところ、錦《にしき》の袋に入れた笛を一本、腰に差されておりました。

「ああ、お気の毒になあ、この暁《あかつき》時分、城《じょう》の内にて、管弦《かんげん》の遊びをしていたのは、この人々でおわしたことじゃ。今、わが軍には、東国の勢が何万騎《なんまんぎ》かあることであろうが、戦《いくさ》の陣へ笛を持参するなどという風雅な人はよもやあるまい。ああ、やんごとない人というものは、どこまでも風雅なものよなあ」

とて、この頸と笛をば、九郎御曹司《くろうおんぞうし》のお目にかけたるところ、これを見る人で涙を流さぬ者とてございませなんだ。

後《のち》に聞けば、これは修理大夫経盛《しゅりのだいぶつねもり》の子息にて、大夫敦盛《たゆうあつもり》という人、生年十七になられたということでございました。

（林望著『謹訳平家物語［三］』祥伝社）

源氏の将、熊谷次郎直実が敦盛と出くわしてこれを組み伏せ、ふと見ると、この若き敵将は自分の息子と同じくらいの歳だな、助けてやろうかなと、一瞬、心が動くのです。ところが、もう味方の勢が迫っていて助ける余地がなく、泣く泣くこれも斬る、そういった戦の場の人情と、人情の介在を許さない不条理もきちんと描かれています。

突き詰めて言えば『平家物語』には、「戦争は無情な殺し合いだ」「戦は決して美しいものではないぞ」ということが書かれているのです。人間が殺し合うというのはじつに悲惨で、愚かで、非人間的で、やるほうもやられるほうも苦悩に満ちたものなのだ。しかし、そんな悲惨な状況のなかでも、人としての心を失わないでいようとする人々の優しさや哀れさ、そんなものを、リアリティ豊かに感慨深く描いているところが、この作品の文学としての丈高いところなのだと思います。

古今に通じるそうした普遍的ヒューマニティが活き活きと描かれているからこそ、『平家物語』も古典文学として、千年近い歳月を生き抜いてきたのです。

古典文学を、現代文学とは断絶したもの、自分たちの現代の生活とは無縁のものと思い込んでいる人が多いかもしれませんが、決してそうではありません。やや逆説的な言い方になりますが、はるかな昔から今に至るまで「現代文学であり続けた」作品を、古典文学と呼んでいるのだと、そう考えるべきだと思います。

第六章　耳の読書

森鷗外と宮沢賢治は朗読したくない

往古『源氏物語』の時代には、その接し方は、まず間違いなく「耳で聞いて理解し、味わう」ということであったろうと思います。

あの難解な『源氏物語』の本文も、それをよくよく理解している人が、地の文のナレーションと、登場人物のセリフとを、うまく読み分け、また男女老若の口調を演じ分けるなどのことによって、目で読むよりは、ずっと分かりやすく受け入れられたのであろうと、私は確信しています。

それゆえ、『謹訳源氏物語』も、私自身が朗読者となり音声の文学として放送しましたが、おそらくそれは目で読むよりもスッと心に伝わったのではないかと思っています（その朗読音声データは、インターネットを通じてお買い求めいただくこともできます。「ｈｏｎｔｏ（ホント）」及び「ＦｅＢｅ（フィービー）」のサイトをご検索ください）。

また、『平家物語』ともなると、もともとが琵琶法師の歌い語った音楽的叙事詩ですから、さらにその朗唱性は顕著であって、耳で聞いて快い韻律性を豊かに湛《たた》えています。

そういう「耳で読む」ということは、古典文学ばかりでなく、近代文学でも同じように意味のあることだと、私は思っています。

ただ、たとえば、森鷗外とか、徳富蘆花《とくとみろか》のような、漢文脈を多用し、漢字のきわめて多い作品は、必ずしも朗読には適しません。なぜかというと、漢語というものは、同音異義語がたいへんに多く、漢語を取り入れたために、日本語は世界中でもっとも同音異義語に満ちた言語になっているといってもいいくらいです。また、同じ言葉でも、どういう漢字を宛てているかで、ニュアンスが微妙に異なるということもあります。

それゆえ、たとえば鷗外の『渋江抽斎』のごとき史伝ものなどは、文字としての本文を見ないと、どんな意味なのかを非常に把握しにくく、漢文的な味わいも伝わりにくい。これがために、朗読したのを聞いても、おそらく鷗外文学はうまく理解できないことであろうと思います。ただし、『じいさんばあさん』『高瀬舟』などの、説話的な作品は、鷗外のものでも朗読に適しています。つまり朗読は、おのずから作品を選ぶというわけです。

一方、夏目漱石、内田百閒《ひやっけん》、志賀直哉、永井荷風といったような作家たちの文章は、大和言葉を中心として平易に書かれているために、朗読した音声を聞くことで、充分にこれを理解し楽しむことができるはずです。

私はかつて、エフエム東京の衛星デジタルラジオ局、ミュージックバードで、『リンボウ先生の音楽晩餐会《ばんさん》』と『リンボウ先生の歌の翼に』と、二つの音楽番組を持っていました。それでそのいずれの番組でも、自作の朗読や、古今の名作朗読というコーナーを設けて、都合六年間ほど、ほんとうにさまざまの作品を朗読放送してきました。

　そういう経験を通して、自分にとってもっとも読みやすく面白い作品はなんであったかというと、それは漱石の『夢十夜』でした。

『夢十夜』は、全体が十篇の夢の物語という結構《けっこう》を持っています。

　夢ですから、辻褄《つじつま》の合わないところや、不可思議なところがあるのは当然です。この不条理性ゆえに、まだ若かった頃にこの作品を一通り黙読したときには、いったい漱石はこの作品で何を言いたいのか分からなかったし、だいいち、内容がチンプンカンプンで困惑したことを記憶しています。

　しかし、いまそういうラジオというメディアを通して、さまざまの作品を朗読し続けてきた経験の後に、この『夢十夜』を再読してみると、圧倒的に面白いと思ったことでした。たしかに意味はよく分からないことが多い。しかしそれは夢なのですから当たり前です。そういうなかで、一種シュールレアリスティックな世界が、見事な口語文で描きとられていることに、私はあらためて驚いたのでした。

　内容的に意味を解析することは難しい。しかし、耳で聞いていて、その描かれている世界が、これほど明瞭に視覚的に立ち上がってくる文章は、近代の作品のなかで他にはないと言っても過言ではありません。そうして、ひとつひとつの言葉は、耳で聞いているだけで充分に理解でき、画像化できる。こういうところが、鷗外と漱石の際立った違いだということに、今さらながら気付かされたのは、私にとっての大きな発見でした。

もう忘れてしまったという人のために、そのうちの第三夜の全文をここに掲げますから、ぜひ皆さんも、朗々とした声で、つっかえることなく、また滑舌際やかに朗読してみてください。その際、できれば、誰かに聴き手になってもらって、その人の前で朗読してみると、より臨場感があって読むほうも聴くほうも楽しいというものです。

夏目漱石『夢十夜』　第三夜

こんな夢を見た。

六つになる子供を負《おぶ》ってる。たしかに自分の子である。ただ不思議な事にはいつの間にか眼が潰《つぶ》れて、青坊主《あおぼうず》になっている。自分が御前の眼はいつ潰れたのかいと聞くと、なに昔からさと答えた。声は子供の声に相違ないが、言葉つきはまるで大人《おとな》である。しかも対等《たいとう》だ。

左右は青田《あおた》である。路《みち》は細い。鷺《さぎ》の影が時々闇《やみ》に差す。

「田圃《たんぼ》へかかったね」と背中で云った。

「どうして解る」と顔を後《うし》ろへ振り向けるようにして聞いたら、

「だって鷺《さぎ》が鳴くじゃないか」と答えた。

すると鷺がはたして二声ほど鳴いた。

自分は我子ながら少し怖《こわ》くなった。こんなものを背負《しょ》っていては、この先どうなるか分らない。どこか打遣《うっち》ゃる所はなかろうかと向うを見ると闇の中に大きな森が見えた。あすこならばと考え出す途端《とたん》に、背中で、

「ふふん」と云う声がした。

「何を笑うんだ」

子供は返事をしなかった。ただ
「御父《おとっ》さん、重いかい」と聞いた。

「重かあない」と答えると
「今に重くなるよ」と云った。

自分は黙って森を目標《めじるし》にあるいて行った。田の中の路が不規則にうねってなかなか思うように出られない。しばらくすると二股《ふたまた》になった。自分は股《また》の根に立って、ちょっと休んだ。

「石が立ってるはずだがな」と小僧が云った。

なるほど八寸角の石が腰ほどの高さに立っている。表には左り日《ひ》ケ窪《くぼ》、右堀田原《ほったはら》とある。闇《やみ》だのに赤い字が明《あきら》かに見えた。赤い字は井守《いもり》の腹のような色であった。

「左が好《よ》いだろう」と小僧が命令した。左を見るとさっきの森が闇の影を、高い空から自分らの頭の上へ抛《な》げかけていた。自分はちょっと躊躇《ちゅうちょ》した。

「遠慮しないでもいい」と小僧がまた云った。自分は仕方なしに森の方へ歩き出した。腹の中では、よく盲目《めくら》のくせに何でも知ってるなと考えながら一筋道を森へ近づいてくると、背中で、「どうも盲目は不自由でいけないね」と云った。

「だから負《おぶ》ってやるからいいじゃないか」

「負ぶって貰《もら》ってすまないが、どうも人に馬鹿にされていけない。親にまで馬鹿にされるからいけない」

何だか厭《いや》になった。早く森へ行って捨ててしまおうと思って急いだ。

「もう少し行くと解る。――丁度《ちょうど》こんな晩だったな」と背中で独言《ひとりごと》のように云っている。

「何が」と際《きわ》どい声を出して聞いた。

「何がって、知ってるじゃないか」と子供は嘲《あざ》けるように答えた。すると何だか知ってるような気がし出した。けれども判然《はっきり》とは分らない。ただこんな晩であったように思える。そうしてもう少し行けば分るように思える。分っては大変だから、分らないうちに早く捨ててしまって、安心しなくってはならないように思える。自分はますます足を早めた。

雨はさっきから降っている。路はだんだん暗くなる。ほとんど夢中である。ただ背中に小さい小僧がくっついていて、その小僧が自分の過去、現在、未来をことごとく照して、寸分の事実も洩《も》らさない鏡のように光っている。しかもそれが自分の子である。そうして盲目である。自分はたまらなくなった。

「ここだ、ここだ。ちょうどその杉の根の処だ」

雨の中で小僧の声は判然聞えた。自分は覚えず留った。いつしか森の中へ這入《はい》っていた。一間《いっけん》ばかり先にある黒いものはたしかに小僧の云う通り杉の木と見えた。

「御父《おとつ》さん、その杉の根の処だったね」

「うん、そうだ」と思わず答えてしまった。

「文化五年辰年《たつどし》だろう」

なるほど文化五年辰年らしく思われた。

「御前がおれを殺したのは今からちょうど百年前だね」

自分はこの言葉を聞くや否や、今から百年前文化五年の辰年のこんな闇の晩に、この杉の根で、一人の盲目を殺したと云う自覚が、忽然《こつぜん》として頭の中に起った。おれは人殺《ひとごろし》であったんだなと始めて気がついた途端《とたん》に、背中の子が急に石地蔵のように重くなった。


この『夢十夜』は、ことに私にとっては、波長が合うというか、とくに読みやすい作品でした。なぜかというと、漱石と私とは、同じ東京の山の手の生まれ育ちです。私の家では、明治生まれの祖母などは、生粋の東京山の手の士族の言葉で話していたものでした。それが漱石の言語環境とほぼ同じであることから、自然にその呼吸が感得できるというか、自分の言葉のように感じられるのです。

おそらく誰にもそういうところがあると思います。

関西の生まれ育ちの人には、関西の作家の文章はきっと読みやすいだろうと思います。また宮沢賢治とか、太宰治などの東北の作家の文章は、私にはとても読みにくい調子があって苦手ですが、おそらくは岩手や青森の人が読めば、いわゆる「腑《ふ》に落ちる」感じで朗読できるのであろうと想像します。かつて長岡輝子さん（岩手県盛岡市出身）の朗読した宮沢賢治などは、訥々《とつとつ》としてとても説得力があり、美しい岩手言葉の響きを感じましたが、自分にはどうしてもあのようにはできません。

そんなふうに、自分の生まれ育った言語環境に思いを致して、感情移入しやすい文章の作家を選び、しっくりとした気持ちで朗読すると、聴いている人にも深く思いが伝わるのだろうと思っています。

本居宣長の『源氏物語玉の小櫛《おぐし》』を朗読してみる

朗読ということでいえば、じつは本居宣長の文章などは、きわめて朗唱的で、耳で聞いたほうが分かりやすい文章で書かれています。

いまここに、宣長の『源氏物語玉の小櫛』（一七九九年）の一節を、原文のまま引いてみます。

本居宣長『源氏物語玉の小櫛』二の巻

「くさぐさのこゝろばへ」

こゝらの物語書どもの中に、此物がたりは、ことにすぐれてめでたき物にして、大かたさきにも後にも、たぐひなし、まづこれよりさきなる、ふる物語どもは、何事も、さしも深く、心をいれて書りとしも見えず、たゞ一わたりにて、あるはめづらかに興ある事をむねとし、おどろ〳〵しきさまの事多くなどして、いづれも〳〵、物のあはれなるすぢなどは、さしもこまやかにふかくはあらず、又これより後の物どもは、さごろもなどは、何事も、もはら此物がたりのさまをならひて、心をいれたりとは見ゆるものから、こよなくおとれり、其外もみなことなることなし、たゞ此物語ぞ、こよなくて、殊に深く、よろづに心をいれて書る物にして、すべての文詞のめでたきことは、さらにもいはず、よにふる人のたゝずまひ、春夏秋冬をり〳〵の空のけしき、木草のありさまなどまで、すべて書きざまめでたき中にも、男女、その人々のけはひ心ばせを、おの〳〵こと〳〵に書き分けて、ほめたるさまなども、皆其人〳〵のけはひ心ばへにしたがひて、一トやうならず、よく分れて、うつゝの人にあひ見るごとく、おしはからるゝなど、おぼろけの筆の、かけても及ぶべきさまにあらず、さて又よろづよりもめでたきことは、まづからぶみなどは、よにすぐれたりといふも、世の人の、事にふれて思ふ心の有りさまを書ることは、ただ一わたりのみこそあれ、いとあらく浅きもの也、すべて人の心といふものは、からぶみに書るごと、一トかたにつきゞりなる物にはあらず、深く思ひしめる事にあたりては、とやかくやと、くだ〱しくめゝしく、みだれあひて、さだまりがたく、さまざまのくまおほかる物なるを、此物語には、さるくだ〱しきくま〲まで、のこるかたなく、いともくはしく、こまかに書きあらはしたること、くもりなき鏡にうつして、むかひたらむがごとくにて、大かた人の情《ココロ》のあるやうを書るさまは、やまともろこし、いにしへ今ゆくさきにも、たぐふべきふみはあらじとぞおぼゆる、又すべて巻々の中に、めづらしくおどろ〱しく、めさむるやうの事は、をさ〱なくて、はじめよりをはりまで、たゞよのつねの、なだらかなる事の、同じやうなるすぢをのみいひて、いと長き書なれども、よむにうるさくおぼゆることなく、うむことはなくて、たゞつゞきゆかしくのみぞおぼゆるかし、おのれをしへ子どものために、はやくより、此ものがたりを、よみときてきかすること、あまたかへりになりぬるを、あだし書どもは、かばかり長からぬだに、説《トク》にうむ心もまじるを、これはさしも長き書にて、年月をわたれども、いさゝかもうむこゝろいでこず、たびごとに、はじめてよみたらむこゝちして、めづらしくおかしくのみおぼゆるにも、いみしくすぐれたるほどはしられて、かへす〴〵めでたくなん

参考までに、私の全体の口語訳もここに付けておきましょう。

　多くの物語作品のなかにあって、この『源氏物語』は、ことに優れて賞翫《しょうがん》すべきものであって、およその前にも後にも、これに肩を並べることのできる作品は存在しない。まず『源氏』以前の、古代の物語あれこれは、何事についても、それほど深く心を潜《ひそ》めて書いたものとも見えず、ただざらりと書いている。あるものは珍奇で面白いことを旨として書き、それゆえおどろおどろしく怪奇なことを多く書くなどして、どれも人心の機微などは、それほど細やかに深く書いているということはない。また、『源氏』以後の作品くさぐさについていえば、たとえば『狭衣《さごろも》』などは、なにからなにまで、この『源氏』の書きかたに倣って、よほど心を込めて書かれているようには

見えるものの、やはり比較すれば明らかに劣っている。ましてその他の物語ともなれば、これという特色も見当たらぬ。ただこの『源氏物語』だけが、もっとも優れていて、ことに心深く、なにごとにもしっくりと心を込めて書いたものであって、すべての文章表現がどれも賞嘆すべきものであること、あらためて言うまでもない。世の中に生きていく人たちの心の様子といい、春夏秋冬折々の空の風情といい、木や草のありさままでも、なにもかも書きざまがすばらしいなかにも、男と女、それぞれの人の様子や心の動きを、ひとりひとりみな個性的に描き分けて、それを褒めるさまなども、みなそれぞれの人の風采や心の様子にしたがって描き分け、どれも類型的に書くということがない。その書き分けかたは見事で、まるで現実の人に会い見るようにそれぞれの思いを想像することができるなど、そこらの凡筆の、まちがっても及ぶべきことではない。

そうしてまた、どんな作品よりも素晴らしいのは（その写実的な深みである）。これに対してたとえば唐土《もろこし》の文学などは、世に抜きんでた作だと言ったところで、世の中の人が、なにかの事にふれて思う心の動きというようなことを書くについては、まことにおざなりの書きかたで、たいそう疎略《そりやく》で浅いものである。すべての人の心というものは、漢文学に書いてあるように、善玉悪玉などと簡単に割り切って片づくものではない。なにか深く心に思い悩むことに対しては、ああでもないか、こうでもないかと、くだくだしく、女々しく、心は千々に乱れて、なかなかこれという結論も出し難く、それはもうさまざまに片づかぬことが多いものであるが、この『源氏』の物語にあっては、そのようなくだくだしい心の動きのすみずみまで、残るところなく、きわめて詳しく、細やかに書き表していること、これはまさに、曇り無き鏡に映して向かい見ているような感じに、多くの人の心のありのままを書き綴《つづ》っていることは、日本、唐土《もろこし》、昔、今、あるいはこの先ずっと遠い未来にいたるまで、『源氏』に肩を並べることのできる作品などあるまいという思いがする。

またすべての巻々のなかに、なにか異常でおどろおどろしいこと、あるいはハッとするような不思議なことなどは、どこにも書かれていなくて、はじめから終わりまで、ただふつうの世の中の、当たり前のこと、平々凡々たる日常を描いて、しかもすこぶる長い作品であるけれども、読むに退屈を覚えるようなことはなく、読み飽きもせず、ただただ、「さあ、この先はどうなってるんだろう、読みたいな」と思うのである。

私は教え子どものために、もうずいぶん昔から、この物語を読み説いて聞かせること、さあ何度繰り返したかわからぬが、ほかの物語だと、こんなに長くない作品ですら、教えるのに退屈してしまうところがあるのだが、この『源氏』ばかりは違う。こんなに長い作品で、何年にも亙って講釈していても、これっぽっちも飽きるという気持ちが出てこない。読む度ごとに、初めて読むような感銘があって、ただもう賞嘆すべく面白く思うばかり、そのことを思うだけでも、この物語がとびきり優れているというところが知られて、かえすがえすも賛嘆すべきことである。

「そうだ、そうだ」と、思わず本居宣長の肩をポンポンと叩きたくなるというものですね。ここで彼は、人間の自然な人情を、まるで諄々《じゅんじゅん》と語り聞かせるような、じつに平易な文章で表現している。本居宣長の清々《すがすが》しい人柄がよく伝わってくる文章です。

万事がこの調子で、持ってまわって格好をつけることもなければ、簡単なことを小難《こむずか》しく気取って書くこともなく、正直で素朴な文章、そしてその理路整然たる運びに、私は読書の愉快を感じるのです。

兼好《けんこう》法師が綴った読書の心

かくて、『源氏物語』を読みながら、ふと本居宣長のこうした言葉に触れると、私は、「ああ、ここにも同じ思いの人がいた」と嬉しいきもちを覚えます。

かの『徒然草』に、つぎのような一節があります。

第十三段

ひとり、灯のもとに文《ぶん》をひろげて、見ぬ世の人を友とするぞ、こよなうなぐさむわざなる。

文《ぶん》は、文選《もんぜん》のあはれなる巻《まき》々、白氏文集《はくしのぶんじふ》、老子《らうし》のことば、南華《なんくわ》の篇《へん》。この国の博士《はかせ》どもの書《か》ける物も、いにしへのは、あはれなること多《おほ》かり。


仮に口語に訳すと、こんなことを言っているのです。

「独り灯のもとに書物を広げて、会ったこともない昔の人を友とする、これこそもっとも心慰むことである。

その読むべき書物としては、『文選』のしみじみとした巻々、『白氏文集《はくしぶんじゆう》』、『老子』の言葉、また『荘子《そうじ》』のかれこれの篇。我が国の博士どもが書いた書物も、往古のものは、感銘深いことが多くある」

ここに挙げられた書物は、兼好《けんこう》法師の時代、もういずれも歴々たる古典文学でした。そういうのを、独り灯のもとで静かに読んでいると、なんの役に立つとかそんなことは関係ないけれども、この上なく心が慰められるということを、ここでは言っています。

この「なぐさむわざ」として書物を読む、これこそが読書のもっとも実り多いありかたであって、そこからどんな役に立てようかなどということは、一切不要のことだと、兼好法師は看破しているように思います。

第七章　書物はどこへ行くのか

日本で電子書籍が普及しない理由

古典のことを主に、いままで書いてきましたが、さてそれでは現代という時代にあって、読書はどういう姿になり、将来はどうなっていくのか、とそんなことも考えてみたいと思います。

ここ数年、電子書籍を読むためのタブレット端末が市場に出回っています。紙の本の刊行と同時に、電子書籍版が出る本も増えてきました。

しかし、少なくとも日本では、ほんとうの意味での「読書」が、紙から電子書籍に置き替わることはないだろうと私は予想しています。

私も、たとえば研究上の便宜のために、電子化された文献を読むことはあります。それは、まことに便利な時代になってきたもので、小学館系の会社が運営している「ジャパンナレッジ」というサイトに契約していると、日本最大の国語辞典『日本国語大辞典』をはじめとして、数多くの和洋中辞書事典類をたちどころに参照することができ、また『古事《こじ》類苑《るいえん》』のような浩瀚《こうかん》なアンソロジーも、画像データとして参看することができます。

あるいは「青空文庫」のようなサイトを使うと、原則としてすでに著作権の消滅した作品については、コンピュータ上に本文をインストールして読むこともできるし、また高千穂大学名誉教授の渋谷栄一さんが制作公開している「源氏物語の世界」(http://www.sainet.or.jp/~eshibuya/)では、信頼すべき『源氏物語』の本文をすべて閲覧することができます。そのほかにも、多くの古典作品のテキストデータや、古書の画像データが、現在ではネット上に公開されているので、それを使用して研究や講義に役立てることも珍しくありません。

しかし、こと「読書」ということで言うならば、私はやはり紙の本でないと、読んだ気がしないのです。言い換えると、電子本は読んでも楽しくないし、心にも染み込まないという感じがします。

そんなことから類推して私は、日本では、欧米のように電子本が普及することはないだろうと思っています。

そこには、日本語独特の問題があるからです。

日本語は、漢字、平仮名、片仮名、アルファベットの四つの文字を使い分けるという点で、他のどの国にもないユニークな文字体系をもっています。たとえば中国語は漢字しか使わないし、英語はアルファベットのみ。韓国も、昔は漢字を使っていたけれど、今はほとんどハングルです。

我々日本人が多様な文字を使い分けるのは、ひとつには、前述のとおり、日本語は世界一同音異義語が多い言葉だということがありましょう。いや、漢字を使って表記しないと、意味が判別できにくい、言い換えれば非常に読みにくくなってしまうという、日本語固有の問題点がそこには伏在しています。

のみならず、辞書的に同じ意味であっても、用字の使い分けによって、一定のニュアンスの違いが出て来るという特殊事情もありましょう。

同じ言葉であっても、「龍」と書くか「竜」と書くか、あるいは片仮名で「リュウ」と書くか……など、とくに詩的な文章や、古典的な文章にあっては、こんなことが結構問題になるのです。単に内容を理解できればいいのであれば、すべて平仮名で書いたってかまわないはずですが、想像してみてください、すべてが平仮名か片仮名で書かれている小説など。そんな文章は読んでいられないと、みなが思うに違いありません。

世の中には、カナモジカイなどという団体もあって、カナタイプを使って、日本語をカナだけで書こうという運動もあるにはありました。がしかし、それだと、文節ごとに空格を設ける、いわゆる「分かち書き」が必須で、結局日本語の書記法としては不自然であることが避けられません。この点で、アルファベット二十六文字だけで、どんな複雑浩瀚な書物でも書記し、出版することのできる欧米諸国とは状況がまったく違っているのです。

しかも、同じ文字であっても、

龍　龍　**龍**　龍　龍　**龍**

と、さまざまな書体があるなかで、どんな書体を選んで印刷するのかということも問題になりましょう。

それに、縦書きにするのがいいか、横書きにするのがいいか、そんなことも当面の大問題です。欧米語は縦書きなんてありませんから、そういうことをおそらく気にしたことはないだろうし、出版も縦書きの出版などは考えたこともないでしょう。しかし、日本語、とくに漢字は、もともと縦書きによって形が造られた文字なので、字に横画がかなり多く、そのことが、読んで行くときの「読みやすさ・読みにくさ」に影響を与えるらしいのです。

これを、縦書きの文章は文字が目にひっかかって読みやすいが、横書きだと滑ってしまうので読みにくい、という人もあります。そういえば、アルファベットというのは縦画が根幹で横画はあまり多くありません。だから横に書いていくと読みやすいのです。よく日本文のなかに英語を混ぜる場合など、縦にアルファベットを並べて組むと、非常に読みにくくなりますね。ああいうことが、案外と文字と読みやすさということについて関係しているらしいのです。

書姿にこだわった日本人

かにかくに、日本語は、グラフィックな情報が非常に大きな役割を果たす言語であり、日本人はこの、文字を「グラフィック情報として味わいながら、テキスト情報として理解する」という特異な文化を、千年以上続けてきました。毛筆・硬筆・ボールペン・ペン字の習字を習ったり、練習したり、あるいは年齢とともに文字に味が出てくるとか出ないとか、なににつけても、文字の形、言い換えればグラフィック情報に、強いこだわりをもっている日本人と日本語の文化。これはちょっと欧米人には理解しがたいところであるかもしれません。

グラフィック情報が、しかく大きな意味をもつ日本では、単行本の表紙には、例外なく美しくデザインされたカバーが被せられ、さらに帯がつけられます。また、ちょっと凝った本では、箱に入れられていることもあります。

これに対して、欧米の書店店頭に並んでいるベストセラーのほとんどはペーパーバックで、表紙もタイトルが文字で大書されているだけ、というようなことも珍しくありません。また文庫本は本来、個別のデザインを持たないペーパーバックの形で、良質の作品を安価かつ携行に便利なようにと考えられたものでしたが、日本では、いつしか文庫本にもカラー印刷のカバーや、さらに単行本風の帯まで付けられるようになりました。

雑誌にも同様のことが言えます。表紙には厚手の上質紙を使い、写真や版組デザインに非常に凝る。日本語という特殊な言語を操る日本人は、じつに「目の肌触り」というか、テクスチャーのようなことによって、読みやすいか読みにくいか、読みたいか読みたくないか、などがかなり決定されるところがあるようです。

ひとくちに「本の読みやすさ」と言っても、そんな外形的・素材的なところまで拘《かか》わってくる日本の出版文化は、本来が「オブジェクトとしての書物の形（書姿）」に、大きな価値を見出す性向が顕著であって、それだけに簡単に電子化するということができないのであろうと思っています。

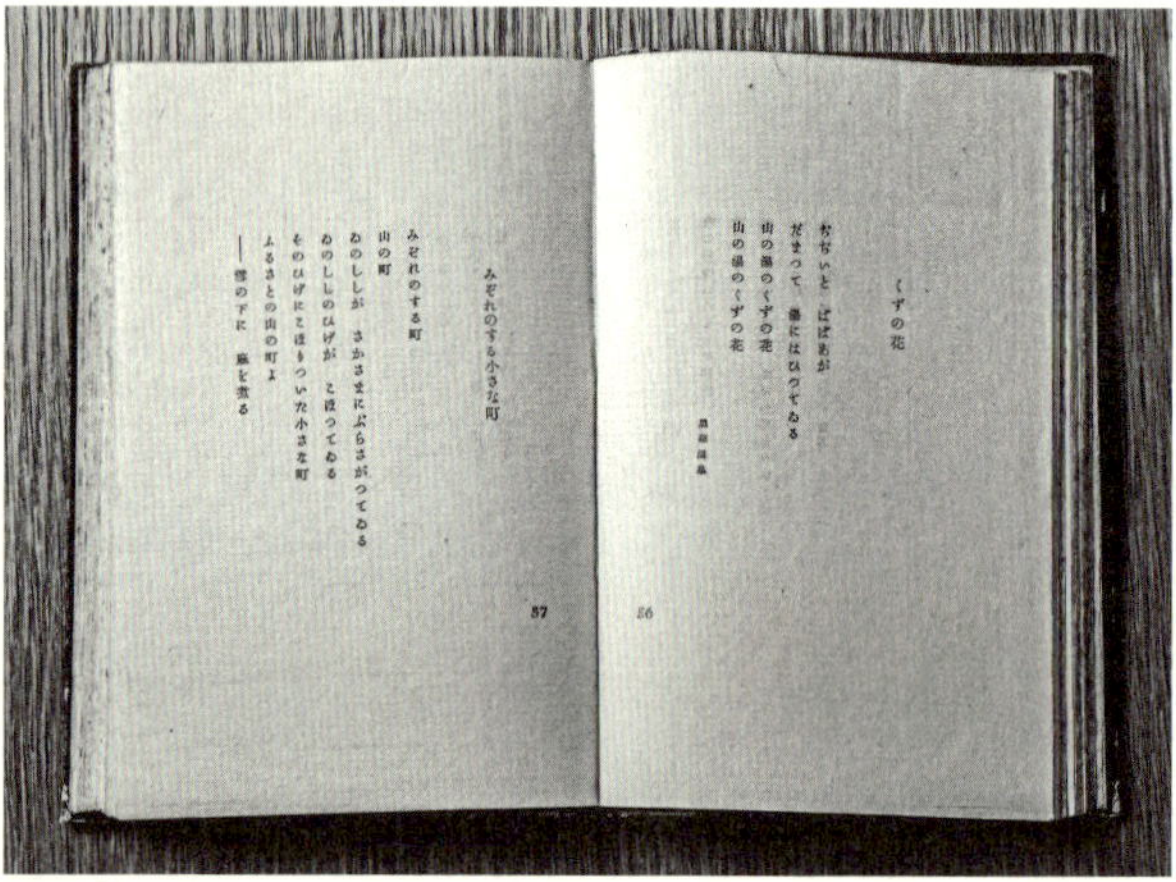

田中冬二著『青い夜道』。「くずの花」の頁を開いたところ。

書体、装訂、余白の意味

この特徴がもっとも先鋭的に表れるのは詩集です。詩集においては、書体や装訂に加えて、「余白」も大きな意味をもちます。

私は、とくに昔の詩集が好きで、たとえば大正末期から終戦直前までの短期間に活躍した版元・長谷川巳之吉《みのきち》の第一書房が出した詩集をできるだけ蒐めています。

彼は天才的な出版人で、採算を度外視した本を数多く世に送り出し、一時期大いに気を吐いたことで知られています。

いま、私の手もとには田中冬二《ふゆじ》の第一詩集『青い夜道』や、佐藤春夫の『佐藤春夫詩集』がありますが、大胆な余白、手漉《す》き和紙への活版印刷、二度刷りにされた美しい飾り枠など、それはもう、贅沢《ぜいたく》でハイセンスな本作りが多く、見ているだけで惚れ惚れとするのです。

とくに『青い夜道』は、私のもっとも愛読する名詩集です。たとえば、冬二の代表作「くずの花」が収められています。

このたっぷりと取られた余白、黒と朱で二色刷りにされた意匠、「ぢぢい」という仮名遣い、また「ぢぢいと」と「ばばあが」の間に置かれた一字分の空格、「だまつて」と「湯にはひつてゐる」の間の空格、そのすべてが雄弁になにかを物語っている。この本は、そんな「書物としての味わい」を感じさせてくれます。

これは内容としての美しさと書物としての美しさが、見事に響きあっている一例です。

日本人の「紙の書物」への愛着

世の中には「ジャケ買い」などという言葉があるそうで、すなわち、装訂の好みで本を買う人もいることでしょう。内容はともかく書姿が美しいから買って座右に備えたい……そういう欲求は美に意識のある人なら当然にありうべきことです。また私などもそうなのですが、装訂に強い意識を持つ作家もいます。たとえば、八〇年代に大ベストセラーとなった村上春樹の『ノルウェイの森』（講談社）の単行本の装訂は、村上氏自身が手掛けたものだそうですが、上巻が赤、下巻が緑、それぞれ無地一色遣いのシンプルな装訂には強烈なインパクトがあり、それが売り上げにも貢献したと言われています。

欧米にも装飾的に作られた書物がないわけではありません。

たとえばウイリアム・モリスが一九世紀末に始めた芸術的印刷事業「ケルムスコット・プレス」では装訂から文字組み、挿絵まで、趣向を凝らした本が作られました。

それ以前にも、聖書などには、羊皮紙に装飾的な書体で書き、きらびやかな彩色を施した豪華な写本も残っています。

ただこれらはあくまで例外です。

豪華な聖書に相当するものを、日本に求めれば、「装飾経《そうしょくきょう》」または「荘厳経《しょうごんきょう》」と呼ばれるものがあります。

とくに平安時代から鎌倉時代の頃には、金泥や銀泥を使って巻頭に仏画《ぶつが》を描いたり、巻頭見返しに金銀の切り箔《はく》を散らして飾るなど、美しい装飾（荘厳《しょうごん》）を施した写経が数多く作られました。ありがたい聖典に対する尊崇の思いをより深く表現するために、こうしたさまざまな美しい飾りを加えるわけです。

それればかりか、日本人は、一般の書物にもさまざまの「見た目の美しさ」を求めました。内容や書体に加えて、全体の装訂や紙質といった「オブジェクトとしての書物の形（書姿）」に強い意識を持ちながら読書をしてきた、長い長い歴史があったのです。書物というものを目で味わい、手で感触を確かめ、その上で内容を読んで初めて心が落ち着いてくる、こうした性向が日本人には顕著にあるのです。

いってみれば、「紙の書物」に、欧米人とは比べ物にならないほどの愛着を感じる、それが日本人なので、そのオブジェクトとしての質感や肌触りの存在しない電子本は、なんだか頼りなくて、味わいに乏しい気がして、日本人には魅力が感じられない、それゆえ読書の趣味を電子本では満足し得ない、というのがほんとうのところかと思います。

本を「我が物」にするということ

もうひとつ、電子書籍では不満が残ることがあります。

それは「我が物にする」という感覚です。

昔の人は、「物の本」を読んで、なにか不審を感じたところ、理解できなかったところには、「不審紙《ふしんがみ》」というものを貼り付けました。これは、赤や青に染めた和紙を、小さくちぎって、舌先でちょいと唾液を付け、そのまま当該の不審箇所にポッと貼っておくのです。そうして、師匠に教わるなり、参考書を調べるなりして、その不審が晴れたなら適宜欄外に注記などを書いた後に、爪でこすって剝がしておいたものです。唾液の僅かな粘着性しかないので、こすればすぐに落ちた、まことに知恵のあるやりかたです。

現在でいえば、これは「付箋紙」というものに相当します。

私も、本を読みながら、これはという情報はカードに書き抜いたことは、すでに書いた通りです。しかし、書き抜くまでしなくとも、ちょっと注意すべき部分には、適宜赤いペンでマークをしたり、あるいは付箋紙を貼っておいたりもします。

私の祖父は非常に読書が好きで、戦後隠居してからは、日々読書をして暮らしていました。その祖父遺愛の本をみると、しばしば祖父の筆跡で、いろいろな書き入れがしてあるのを発見します。

たとえば、『菊池寛全集』（昭和四年、平凡社刊）の第二巻、この本は、くだんの祖父が持っていた一冊を、没後私のところに形見分けとして貰《もら》ったものです。このなかに、「藤十郎の恋」という短編小説が収められています。が、くそまじめな人柄であった祖父は、この坂田藤十郎が演技の研究のために人妻に作りごとの恋を仕掛けるという話がよほど不愉

快であったと見えて、その章扉に、

「読下不快極まる作品也、宜しく編中より削除すべし」

と憤懣《ふんまん》やる方ない筆致で書きつけてあります。

こんなふうに祖父の本には、その読書の痕跡があちこちに残っていて、なにやら懐かしい祖父の面影が彷彿《ほうふつ》と浮かんでくる思いがします。

本はぜったいに書き入れや傍線引きなどしないで、きれいに使うという信念の人もいることを承知で申しますならば、私は、こと「読書」との関係においては、自分の本には縦横に書き入れなどしながら、あるいは傍線や付箋などを付けながら、大いに手垢を付けて読むのがよいと思います。

そうして、ほんとうに気に入った本であれば、何度も読み返しているうちに、とうとう製本が壊れてしまうかもしれません。しかし、それでいいではありませんか。そのくらい、この本に感銘を受けて何度も読み返したということの結果がそれなら、壊された本もおそらく本望であろうと思うのです。

図書館で借りた本では、こんなことは大禁物です。しかし、自分の本は、そうやってまっさらな状態から、せいぜい「自分の色」を付けて「我が物」にしたらいいのです。もしどうしても大切にきれいな状態で保管したいとも思うなら、それは先に書いたように、保管用の本をもう一冊買って、重複所蔵しておくことです。

こうしておくと、あとでその本を再見したときに、どこに何が書いてあるか見当が付けやすく、非常に便利でもあります。

しかし、電子書籍では、こういうふうにして「我が物」にすることができません。つまりは、そこに「愛着」という要素が介在しにくいのが電子書籍なのです。「紙の本」というその存在様態が、この意味でも、読書人にとっては大切なことだと、私は考えています。

実際、歴史的には、ソニーの「データディスクマン」というリーダーで読むCD－ROM形式の電子書籍が登場してから二五年余り経《た》ちますが、現実には、漫画本を除いてちっとも盛り上がっていないように観察されます。

その現状の背後には、じつは叙上のような長い日本的書物史と、その独特の愛書傾向があるのではないかと私はひそかに思っています。それゆえ、日本では紙の書物は将来ともに電子書籍に取って代わられるということはないだろうというのが私の予想です。

年に一度、本棚の整理

この章の最後に、私の書棚について述べておきましょう。

私の自宅の地下書庫には集積書架があります。つまりあの図書館にあるような、ハンドルをぐるぐる回して移動させる書架のことです。

私の場合は、なにしろ長いこと国文学研究に携わってきた上に、能楽関係の仕事もする、イギリス関係のことも多く書いてきた、音楽関係の仕事もする、美術の仕事もある、小説を書くための資料も必要、そのほかに多くの友人たちから贈呈された本もある、という具合で、今では二万冊ほどの蔵書と一緒に暮らしています。

ふつうの人は、そんなに多くの本を所蔵している必要もないので、これはあまり参考にはならないかもしれません。しかし、「プロの道具」としての書籍を保管してきた結果が、この膨大な蔵書となって残り、しかもそのどれもが捨てられないのです。

したがって、この地下書庫の本を見るときは、いちいちハンドルを回して書架を移動し、どこに何が置いてあるのかを、記憶を辿《たど》りながら探し出します。それはまったく大仕事です。

それなら、ちゃんと十進分類などの方法で番号をつけて、正しく配架しておけば検索が簡単ではないかと、考える人もあるかもしれませんが、それはちょっと素人考えです。なぜといって、本の分類はじつは簡単ではなく、また大きさもさまざまの本を、一定の基準で配架していくのは、便利なようで、じつはあまり便利ではありません。

この蔵書を見るのは、事実上私一人なのであって、持ち主の私が、どこに何が置かれているかを記憶しておけばそれでよいので、その一々について図書館的な整理をするとしたら、その整理に時間がとられて、肝心の仕事ができません。

まあ、二万冊くらいなら、自分の頭の中に、どこに何が、ということはだいたい記憶できますから、あとはその大方の記憶に従ってグルッと見回して探すのが一番です。ましてや、ふつうの人だったら、せいぜい多くても千冊とか二千冊くらいですから、造作もなく探し出せます。

したがって、自分にとってもっともわかりやすい分類をおおまかにして、それで配架しておけば事足ります。

私自身、経済的に許す範囲では、書庫の面積が限られるので、こうせざるを得なかったのですが、本心を言えば、書庫は少なくとも一〇〇畳くらいの広々とした面積のなかに、ゆったりと固定書架を配するのが理想的です。

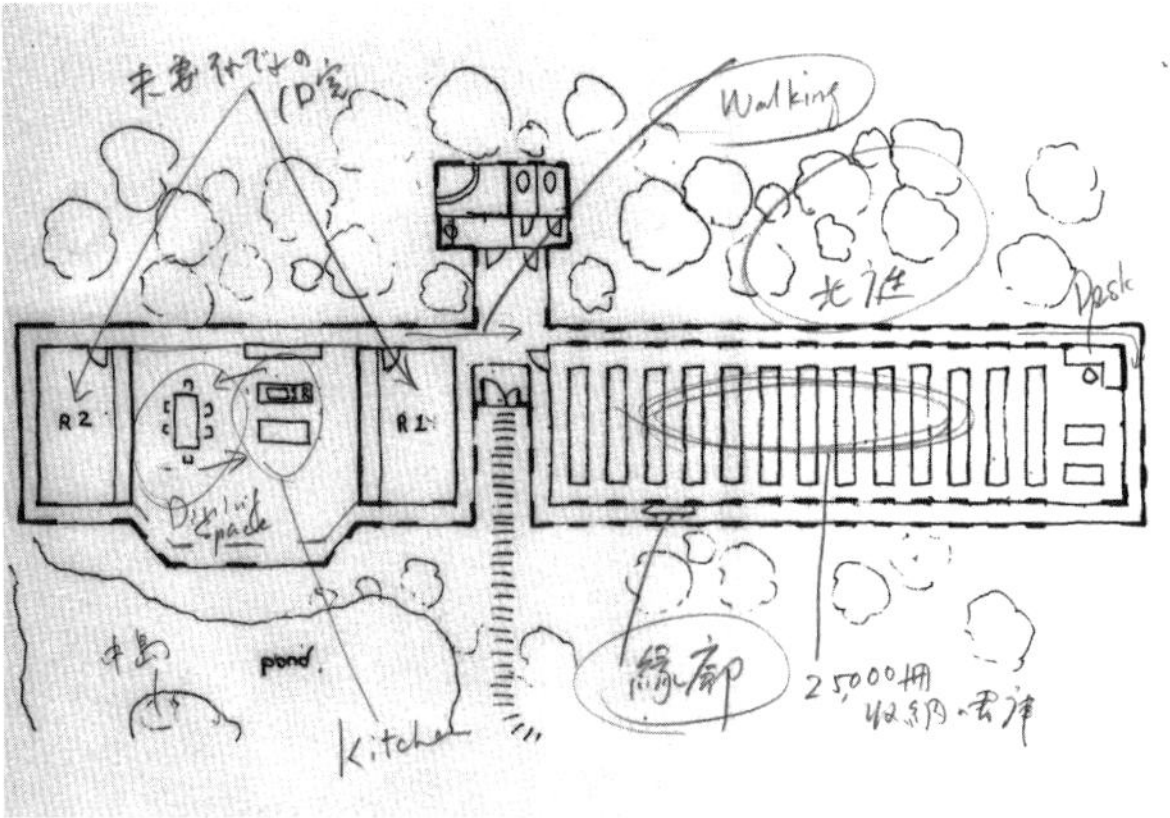

「三十三間堂のような家」と名付けた「理想の家」の概念図。

ちょっとその「理想の家」の絵図面をお目にかけましょう。

ところで、「重いものほど下に」という防災安全上の理由から、わざわざ高いお金をかけて地下書庫を作ったのですが、いざできてみると、本を見にいちいち地下まで降りていって、重い本を持って上の階まで運び上げてこなくてはならないし、また終わったら地下まで降ろしてもとの書棚に戻さなくてはならない、と、これが非常に面倒なことであることに気付きました。とくに、だんだんと高齢になってくると、実際この上げ下げが不可能になってくると思います。

そこで書庫は、できるだけ書斎と同じ階、すなわち地上一階に置いて、ブックトラックのようなものに載せて書庫・書斎間を行き来できるようにするのがもっとも良いと思うようになりました。書庫というような大げさなものを作らなくとも、書斎の壁面一杯に書棚を作り付ければ……地震のことを考慮すると、本棚は作り付けにするのがよいと考えますが……それでふつうは充分に間に合うはずと思います。

ただし、本はほんとうに重いものなので、書棚を作り付ける場合その床下には充分な補強を入れて、本の重みで床が下がらないように手当てをしておくのが適当です。本の重さをばかにしてはなりません。

ともあれ、本は読書を好む人の家では、不可避的にだんだんと増えていきます。それを嫌って、どんどん捨ててしまったり売ってしまったりする人、あるいは一切買わずに図書館で借りて読むだけの人などもいるかもしれませんが、ほんとうを言えば本は買って読むというのがもっとも望ましいということは既に書いたとおりです。

そうすると、どうしても本は増える。これをどう始末するか、しょせん書棚の面積には限りがありますから、どれもこれも保存しておくと、しだいに住む所がなくなってしまうということにもなりかねません。

そこで、定期的に「この本は不要だな」と思うものを処分して、一定数以上には増やさないという知恵も必要になってきましょう。

とりわけ、私の場合は、仕事柄、あちこちの出版社や見知らぬ著者から、「乞うご高評」という付箋を付けた献本も数多く到来します。しかし、本はもとより「自分の興味」によって選んで読むべきもので、自分の興味とは関係なく贈られてくる本は、結局一度も開くことなく、ただ死蔵しているだけという仕儀となります。むろん、なかには、興味深い内容で、知らなかった新著が到来することもあり、それで蒙《もう》を啓《ひら》かれたり、面白い読書ができたりというありがたいことも一再ならずありますが、それはむしろ例外的です。

こんな死蔵書は、ほんとうの場所ふさげなので、一年に一度くらい、近所の馴染みの古本屋さんを呼んで処分するようにしています。

そのほかに、自分自身で買って読んではみたものの、期待はずれの内容だったために、途中で抛擲《ほうてき》してしまった本やら、昔必要に駆られて読んだけれど、もう内容的に古くなって、現在では意味がなくなってしまったような本など、考えに考えて、売り払う本を選んでは適宜処分します。

とはいえ、どの本を処分するかについては、書棚を眺めながら、もちろん迷います。処分してしまった後で、あの本、処分せずにおけばよかったな、なんて後悔も稀には起きます。まあ、その場合は、もう一度買うことにしようと割り切って、ある程度のエイヤッという思い切りは必要です。

私は、若い頃から、一度わが書室に来た書物は決して売ったり捨てたりしない、という方針で何十年もやってきましたが、それも結局は保管場所に窮するようになって、泣く泣く本を手放すように考えを変えました。それでも自分が読んで面白いと思った本、あるいは役に立った本、一度手放したら二度とは手に入りにくい本などは、決して売らずに座右に備えます。

総じてのところを申すならば、しかし、可能な限り本は捨てないようにして、いつも座右に自分の「読書歴」が存在しているようにしておいたほうが良い、とは今も思っています。

本を状態良く保管するために

書物は生き物です。

そのために、できるだけ状態良く、ながく保っておくためには、気をつけなくてはいけないことがあります。そんなこともちょっと書いておきましょう。

たとえば、以前はよくビニールカバーの付いている本がありました。昭和の三〇～四〇年代くらいに出た全集ものなどは、しばしばビニールの保護カバーが付けられていたものでした。しかし、このビニールカバーが曲者《くせもの》です。じつは、それは本にとっては有害で、私は、本棚に並べる前に、必ず剝がして捨てます。なにしろ、ビニールというものは、年月と共に劣化して、硬くなり、しかもギュッと縮んできます。それゆえ、これを付けたまま配架しておくと、縮まったビニールに引っ張られて表紙が反ってしまったり、甚だしい場合には製本が壊れてしまう場合もあります。あるいは通気性の悪い素材であるビニールのために、蒸れてカバーと本の間にカビが生えたりする原因ともなります。

ですから、ビニールカバーは、まず捨ててしまったほうが保存上はよいのです。

それから、本屋さんで買うときに、

「紙カバーはお付けしますか」

と聞かれることがありますね。そのときに、付けてくれる紙のカバーも、私は一切付けません。だいいち、なぜ無味乾燥な紙カバーでくるんで読みたいか、その心理が私にはわかりません。本は、読むだけなら、そんなに汚れるものではないので、じつは紙に包む必要はありません。もしどうしても汚れるのがいやなら、布や皮革のブックカバーをかぶせて読み、読み終わったら外して棚に並べると、そんなふうにしたらよいだろうと考えます。

なぜといって、その紙カバーのまま配架すると、なんの本だか一見してはタイトルが見えないので、わかりにくい。それはあとで本を探すのに非常に不能率になるもとです。

本にはみな固有の姿、つまり「書姿」があります。私どもの読書記憶は、多くその本がどんな姿をしていたかということと、けっこう密接に結びついています。

そこで、それを書棚に配架しておくと、その色と形を見るたびに、読書の記憶が反芻《はんすう》され強化される、そういう機序がある。ところがそれを千篇一律の紙カバーで包んでしまうと、本来の書姿がわからないということになり、この機序が働かないことになる、そういうことも考えておかなくてはなりません。

また、一連の漱石作品の初版本や、第一書房の詩集など、すばらしい質感とデザインを持った美しい本も数多くあります。そういう書姿は、作品の価値の一部分だとも言えるので、つまらない紙で包まないでほしいと、本の書き手・作り手のほうからは思います。

さらには、本棚のスペースが限られているために、本棚に前・後二段、重ねて本を並べるということも、できればやめたほうがよいと思います。

後ろに並べた本の姿が、それでは見えなくなってしまい、あとで本を探すのにも苦労するだけでなく、書姿が見えないことによって、その書物の記憶が強化されることなく、次第に忘れられていきます。そうなれば、事実上持っていないのと同じことです。

それならば、ほんとうに要るのか要らないのかを判断しながら、最小限において本を処分し、空きスペースを作って一列に配架しておくのが本来だろうと考えます。

そうして、つねに本の姿が見えるようにしておくと、何がどこに置いてあるか、その記憶は毎日更新され強化されますから、配架に厳密な分類を施したりする必要はありません。

そもそも本の分類は容易なことではないのです。「日本十進分類」や「内閣文庫国書分類」など、知られた分類方法はいくつかありますが、図書館ならともかく、これらを必要とするほど広く多く書物を集める人は、一般的にはそんなにいないと思います。

そこで、だいたいこの棚は、こんな方面の書物、この棚は辞書類、ここは大型の写真集図録類、とか、自分にとって分かりやすい、おおまかな分類をして、よく見えるように棚に並べておくのがもっとも便利で実際的であろうと、私は思っています。

自分史の象徴としての書棚

こうして、自分の部屋の書棚からは、次第に不要の本が淘汰され、ほんとうに必要な本だけが、美しく書姿を見せて並んでいる、とそういうふうに洗練されてくることが期待されます。

何年か、何十年か、本は次第に冊数を増加しながら、しかし、だんだんと自分独特の「世界」を形作ってゆきます。

その結果、自分は今までにどんな本を読み、何を思い、どのように考えてきたのか、そんな「自分史の象徴」としての書棚・書庫ができ上がっていくのです。

そんなことを想像してみると、実用的にはあまり役にも立たなかった本が、結局自分という人間を、いまある形に育ててくれたなあと、不思議な感慨を感じるに違いありません。書物との縁は、言ってみれば自分の生き方や努力の「結果」なので、それは他の人にとってはなんの意味もないものかもしれません。

……かくして、読みたいものをじっくり精読する、読みたくないものは読まない、読んでみてつまらないと思ったら、さっさと読むのをやめる、これが私の読書法です。

結果的に、私の書庫には、古典文学に関係した書物が書架の大半を占めて並ぶことになりました。そうしてそれは、いま私がなにを読みたいのか、なにを考えるべきなのか、という人生の「これから」を指し示してくれる、羅針盤の役割も果たしているように感じます。

どうか、こと読書に関しては、流行に流される、付和雷同する、強迫観念に負ける、ということなく、自分がほんとうに読みたいもの、読んで面白いと思うものを、丁寧に、ゆっくり、考え考え読んでほしいと思います。

そうしてまた、時には、それを朗々と明晰《めいせき》に朗読してみる。そのことによって、日本語の韻律的な美しさにも気付いていただきたい。

さらには、ひとたび読んで何か得るところを感じた本は、必ず大事に保管して、再読、三読の機会に備えるというふうにしたいものです。

いや、べつに読まなくても……。——あとがきにかえて

『奥の細道』に、仏五左衛門《ほとけござえもん》という人が出てくる。日光山の麓の宿の主《あるじ》がその人で、「万《よろず》正直を旨とする故《ゆゑ》に、人かくは申侍《まうしはべ》る……」とて、いかにも人柄のよい親切な親爺であったらしい。

そこで芭蕉は、こう書く。

「あるじのなす事に心をとゞめてみるに、唯《ただ》無智無分別にして正直偏固《へんこ》の者也。剛毅木訥《がうきぼくとつ》の仁《じん》に近きたぐひ、気稟《きひん》の清質、尤《もつとも》尊《たふと》ぶべし」

なんの学識もない一介の田舎親爺だからとて、人格において劣るということはない、「剛毅木訥仁に近き」というのは『論語』子路《しろ》篇に出る言葉で、「巧言令色《こうげんれいしょく》」というのと正反対に、頑固で飾り気のない人が、人としての理想に近いというのである。

　されば、この親爺はおそらく読書などしたことがなかったに違いないが、それでもひたすら正直で立派な人柄であったというのだ。

　私は「読書」ということを考えるとき、いつもこの仏五左衛門を思い浮かべる。そうして、世の中一般に、「読書が人格を涵養する」と思い込んでいる人が多いことに首をかしげるので

ある。

いや、本など読んでも読まなくても、正直に生きようと思っている人は正直だし、奸佞邪知《かんねいじゃち》の輩《ともがら》はやはり人を欺《あざむ》いて恥じぬにちがいない。

だから、読書に過大の期待をするのは間違っている。

だから、読書すれば何かの役に立つと思わぬことだ。

だから、子供に課題図書など強制せずともよい。

では、読書には意味がないのか、といえば、それは違う。読書には大きな意味がある。

人生はできるだけ楽しく、豊かに送りたい。

その豊かに楽しく生きることの秘鍵《ひけん》が、すなわち自由な読書ということなのだ、強制された読書でなくて。

自由に読み、ゆっくり味わい、そして深く考える。ただそれだけのこと。この絶対の自由と自主、それこそが読書にとって、もっとも大切なことなのだ、と私はただそれだけを言いたくてこの本を書いた。

二〇一七年　如月

日知斎の北窓下に
著者

本書は、集英社クオータリー『ｋｏｔｏｂａ』の連載
「役に立たない読書」（二〇一六年春号〜二〇一七年冬号）および、
『ｋｏｔｏｂａ』二〇一五年夏号の特集に掲載した原稿を大幅に加筆・
修正したものです。

編集協力　砂田明子

本文写真　内藤サトル

林望《はやしのぞむ》

作家。国文学者。一九四九年、東京都生まれ。慶應義塾大学大学院博士課程満期退学。ケンブリッジ大学客員教授、東京藝術大学助教授等を歴任。『イギリスはおいしい』（平凡社）で第三九回日本エッセイスト・クラブ賞、『ケンブリッジ大学所蔵和漢古書総合目録』（P・コーニツキとの共著、ケンブリッジ大学出版）で国際交流基金国際交流奨励賞、『謹訳源氏物語』（全一〇巻、祥伝社）で毎日出版文化賞特別賞を受賞。著著に『謹訳平家物語』（全四巻、祥伝社）ほか多数。

インターナショナル新書〇〇九

役《やく》に立《た》たない読書《どくしょ》

二〇一七年四月一二日　第一刷発行

著者　林《はやし》望《のぞむ》
発行者　椛島良介
発行所　株式会社 集英社インターナショナル
〒一〇一-〇〇六四 東京都千代田区猿楽町一-五-一八
電話 〇三-五二一一-二六三〇
発売所　株式会社 集英社
〒一〇一-八〇五〇 東京都千代田区一ツ橋二-五-一〇
電話 〇三-三二三〇-六〇八〇（読者係）
〇三-三二三〇-六三九三（販売部）書店専用
装幀　アルビレオ
印刷所　大日本印刷株式会社
製本所　大日本印刷株式会社

ISBN978-4-7976-8009-6 C0295

定価はカバーに表示してあります。

インターナショナル新書

001
知の仕事術
池澤夏樹
多忙な作家が仕事のノウハウを初公開。反知性主義に対抗し、現代を知力で生き抜く実践的スキルを伝える。

002
進化論の最前線
池田清彦
ファーブルのダーウィン進化論批判から、iPS細胞やゲノム編集まで。最先端の生物学をわかりやすく解説。

003
大人のお作法
岩下尚史
芸者遊び、歌舞伎観劇、身だしなみ——大事なのは身銭を切ること。まっとうな大人になる作法を伝授。

004
生命科学の静かなる革命
福岡伸一
二五人のノーベル賞受賞者を輩出したロックフェラー大学。受賞者らとの対談から、生命科学の本質に迫る。

005
映画と本の意外な関係！
町山智浩
映画に登場する本や言葉は、作品を読み解く重要な鍵！　元ネタにまでに深く分け入った著者の新境地。

006
怪魚を釣る
小塚拓矢
世界四〇カ国以上で五〇種超の怪魚を釣り上げてきた著者が、独自のノウハウを惜しみなく披露する！

007
ロシア革命史入門
広瀬　隆
ロシア革命の本質は「反戦運動」だった！　新しい視点で二〇世紀最大の社会実験の実像を捉え直す。

008
女の機嫌の直し方
黒川伊保子
AI開発でわかった脳の性差。男女のすれ違いや、女の機嫌の謎がいとも簡単に解き明かされる福音の書！